Johanna Paungger & Thomas Poppe

Meditieren zum richtigen Zeitpunkt

Wie Mond- und Naturrhythmen
Ruhe und Kraft geben

Buch

Der Mond durchquert auf seiner Bahn jeden Monat die 12 Tierkreiszeichen. Jedes Tierkreiszeichen regiert eine bestimmte Körperzone. Ein Grundprinzip des Mondwissens lautet: Was ich für die Körperzone tue, die von dem gerade durchwanderten Tierkreiszeichen regiert wird, wirkt doppelt positiv. Dieses Buch liefert über 80 Affirmationen, Meditationen und heilsame Worte für alle Tierkreiszeichen. Eine Wanderung durch den Körper von Widder bis Fische, von Kopf bis Fuß, in Harmonie mit dem Mondkalender.

Autoren

Johanna Paungger und Thomas Poppe haben als Erste das Wissen um den Einfluss des Mondes wiederentdeckt. Ihre Bücher und Kalender sind Bestseller und dienen immer mehr Menschen Jahr für Jahr als verlässliche Wegweiser.
Johanna Paungger wuchs in engster Vertrautheit mit den Mond- und Naturrhythmen auf. Ihr Großvater ließ sie teilhaben an seinem immensen Wissen um eine gesunde Lebensführung und Vitalität bis ins hohe Alter.
Thomas Poppe, Autor und Übersetzer, beschäftigt sich seit vielen Jahren mit den Einflüssen der Mondrhythmen auf den Alltag.

Außerdem von Johanna Paungger und Thomas Poppe im Programm

Alles erlaubt! | Aus eigener Kraft | Fit zum richtigen Zeitpunkt (Die Mondgymnastik) | Der lebendige Garten | Bauen mit dem Mond | Moon-Power
Das Tiroler Zahlenrad | Lebenschance Tiroler Zahlenrad

Zusätzlich das umfassende Kalenderprogramm für »Das Mondjahr«:

Abreißkalender | Taschenkalender (zweifarbig und vierfarbig) | Foto-Wandkalender | Wochenkalender | Wand-Spiralkalender | Familienkalender
Jahresübersichten 2023–2033 | Garten-Spiralkalender | Garten-Streifenkalender | NEU: Garten-Abreißkalender | Frauenkalender »Zeit für mich«
Streifenkalender

Johanna Paungger & Thomas Poppe

Meditieren zum richtigen Zeitpunkt

Wie Mond- und Naturrhythmen
Ruhe und Kraft geben

GOLDMANN

Penguin Random House Verlagsgruppe FSC® N001967

1. Auflage
Originalausgabe Juni 2022

Umschlag: Uno Werbeagentur, München
Umschlagmotiv: FinePic®, München
Satz: Anja Laukemper, Hamburg
Druck und Bindung: EuroPrintPartner GmbH & Co. KG
Printed in Germany
CH · IH
ISBN 978-3-442-17949-7

Bildnachweis: iStockphoto: 122/123 (StockStudios), 118/119 (ineskoleva), 92/93 (Jasmina007), 124/125 (lechatnoir), 164/165 (Symbiont), 66/67 (Eerik), 100/101/166/167 (assalve), 116/117 (noppadon_sangpeam), 106/107 (xiefei), 138/139 (DieterMeyrl), 102/103 (SaladinoSA), 72/73 (ezypix), 82/83 , Riekkinen, 132/133 (Natalia Bodrova), 90/91 (Bball91), 94/95 (borchee), 74/75 (pixelfusion3d), 108/109 (clu), 140/141 (Sjo), 98/99 (Christian Meurer), 130/131 (Frank Günther), 146/147 (Alexander Fattal), 76/77 (Tunatura), 158/159 (anzeletti), 148/149 (Stasys Kudarauskas), 114/115 (GoodLifeStudio), 142/143 (Svetlana Ustinova), 80/81 (FooTToo), 150/151 (tracielouise), 156/157 (Eakarat Buanoi), 126/127 (sankai), 110/111 H_Barth, 168/169 Kimonofish, 160/161 Sophia Floerchinger, 5 Marje, 152/153 temmuzcan, 84/85 Claudiodivizia, 134/135 portishead1; Illus: freepik by rawpixel.com

INHALT

Anhang

Eine ***Einladung*** *zum* ***Glücklichsein***

Mit diesem kleinen Büchlein möchten wir eine Einladung an Sie aussprechen – nämlich zu lernen oder neu zu entdecken, wie Sie die stärkste Kraft des Universums für sich nutzen können: Ihre eigenen Gedanken.

Nichts von Menschen Erfundenes und Gemachtes existiert, ohne vorher in der Gedankenwelt eines Menschen Gestalt und Form angenommen zu haben. Ein einzelner »kleiner« Gedanke war es, der jedem Ding, jeder großen Erfindung, jedem Tun vorausging.

Ein Gedanke, dann ein kleiner Schritt, dann viele Schritte

– dann die Pyramiden und der Eiffelturm, dann »Fridays for Future« und eine gute Zukunft für uns alle, wenn wir unsere Gedanken nur darauf richten.

Wie entsteht also die Wirklichkeit um uns herum? Ob es positive oder negative Gedanken sind: Wer erschafft den Stuhl, auf dem Sie sitzen, das Auto, mit dem Sie fahren, Ihr tägliches Brot, die Mondlandung, den Klimawandel?

Die alte Weisheit lautet: »Eine Reise von 1000 Meilen beginnt mit einem einzigen Schritt.« Am Anfang steht immer ein Gedanke, eine Intuition, eine Eingebung. Und das in den meisten Fällen im Geist eines einzigen Menschen. Am Anfang stehen nicht der Vertrag, der Bankkredit, die hunderttausend Ziegel, das nötige Werkzeug, die Kochzutaten, der Bauplan. Nein, es ist ein einziger Gedanke, der einen nicht mehr loslässt.

Machen Sie sich diese Kraft bewusst, lernen Sie, sie zu bändigen und für sich und Ihr Glück zu nutzen. Denn ausnahmslos jeder Gedanke hat Kraft. Ihre Zuversicht, Selbstgewissheit, Überzeugung ebenso wie Ihre Ahnungen, Hoffnungen, Ängste, Selbstzweifel. Alles Gedanken, die Wirkung haben, zum Guten wie zum Schlechten.

Im Kern lautet also unsere Einladung: Machen Sie sich diese Kraft bewusst, lernen Sie, sie zu steuern – statt sich zum Spielball automatischer Reaktionen oder der Gedanken anderer zu machen. Es ist machbar und möglich. Und es ist eines jeden Menschen Geburtsrecht, auch wenn die klebrige Kraft der »Normalität« rastlos daran arbeitet, uns dieses Geburtsrecht vergessen zu machen. Die erfolgreichste Methode, um es zurückzufordern, nennt man **Meditation.**

WAS IST MEDITATION?

Wer heute einen Gedanken sät, der erntet morgen die Tat,
übermorgen die Gewohnheit, danach den Charakter
und endlich sein Schicksal.
Darum muss er bedenken, was er heute sät,
und muss wissen, dass ihm sein Schicksal
einmal in die Hand gegeben ist: heute!

GOTTFRIED KELLER

»Das schaffe ich einfach nicht« – ein oft gehörter Satz, wenn man sich über das Thema Meditation unterhält. »Ich schaffe es nicht, mein Denken abzuschalten und innerlich still zu werden.« Aus diesem Satz spricht ein Vorurteil, das viele Menschen pflegen, die in welcher Form auch immer mit Meditation in Berührung gekommen sind. Ja, es gibt sogar »Meditationslehrer«, die predigen, man müsse den Zustand der Leere und »Gedankenfreiheit« anstreben, sonst »funktioniere« die Meditation nicht. Solche Dogmen haben viel Schaden angerichtet, weil sie zahllose Menschen entmutigt und letztlich daran gehindert haben, sich die

Fähigkeit zur Meditation anzueignen. Das Ziel kann es auch nicht sein, den Rest unseres Lebens auf einem Berg im Himalaya sitzend zu verbringen. Die meisten von uns haben andere Aufgaben im Leben zu bewältigen.

Meditation bedeutet, in der eigenen Gedankenwelt einen speziellen Raum zu entdecken und langsam zu erweitern, nämlich den freien Raum zwischen sich selbst, dem »Beobachter«, und dem eigenen Gedankenstrom.

Sie können diesen Raum genau jetzt schon ein wenig fühlen, wenn Sie auf Ihre Hand schauen und sich die Frage stellen: »Meine Hand hält dieses Buch. Wer aber ist es, der die Hand betrachtet?«

Dieselbe Frage können Sie sich ebenso innerlich stellen, wenn Sie die Augen schließen und sich Ihre Gedanken betrachten. Diese unaufhörliche Leuchtreklame, die an der Stirnseite Ihres Kopfes wie auf einer Kinoleinwand vor sich hin eilt, eingehüllt in Farben, Bilder und Töne.

Diese Fähigkeit zum innerlichen Stillwerden und zur Erweiterung des Raums zwischen Bewusstsein und Gedankenstrom haben wir alle. Dieses Buch wird dabei helfen, diese Fähigkeit auch zu nutzen.

Denn jede Meditation kann Sprengstoff bergen. Vom Moment unserer Geburt an legt sich Schicht um Schicht ein Flechtwerk um die Quellen unserer wahren Gedanken, um unsere unfehlbare Intuition, ein Netz, bestehend aus fremden Gedanken, Vorurteilen, Überzeugungen, Denkblockaden, Denktabus – bis wir nicht mehr unterscheiden können, was fremd und aufgezwungen ist und was echt und den eigenen inneren Quellen entspringend. Wobei »eigene Kultur« und »Normalität« oft genau jene Begriffe sind, die das einschnürende Netzwerk am besten beschreiben.

Meditation kann dieses Flechtwerk, dieses fesselnde Netz nach und nach abtragen – ja sogar in nur kurzer Zeit sprengen. Wie erfolgreich, wie schnell, wie endgültig – das ist von Mensch zu Mensch verschieden und letztlich abhängig von der Kraft der Meditation, aber auch von der Angst davor, alte Denkmuster loszulassen.

Meditation bedeutet also, Raum zu schaffen für die große Freiheit in uns. Affirmationen bedienen sich dieser Freiheit.

WAS IST EINE AFFIRMATION?

Die meisten großen Taten,
die meisten großen Gedanken
haben einen belächelnswerten Anfang.

ALBERT CAMUS

Das Wort **Affirmation** – was so viel bedeutet wie Bekräftigung, Bestätigung – ist im innersten Kern ein **Kraftgedanke.** Dieses Wort beschreibt am besten, was mit Affirmation gemeint ist. Ein Gedanke mit Kraft. Ein Gedanke mit der Kraft, Ihr Leben zu verbessern, zum Guten zu wenden, akute und chronische Probleme zu lösen, körperlich wie seelisch.

Was also ist ein Kraftgedanke, eine Affirmation, und wie funktioniert sie?

Betrachten wir einmal folgende Worte, mit denen viele von uns im Geist beim Aufstehen einen Montagmorgen begrüßen (ob uns das nun bewusst ist oder nicht):

1. »Was dieser Tag wohl bringen wird?«
2. »Ich freue mich jetzt schon aufs Wochenende.«
3. »Ich hoffe, dass dieser Tag gut wird.«
4. »Könnte ich nur im Bett bleiben ...«
5. »Heute wird ein guter Tag.«
6. »Mich erwartet heute sicher nichts Gutes.«
7. »Heute ist ein guter Tag.«
8. »Wenn ich es heute nicht schaffe, morgen ist auch noch ein Tag.«
9. »Also auf in die Tretmühle.«
10. »Ohne Kaffee mache ich keinen Schritt.«

Welcher dieser Gedanken hat alle Eigenschaften eines Kraftgedanken? Welche dieser Wortfolgen hat das Zeug dazu, Ihnen Energie für den Tag mitzugeben? Welcher Satz spricht eine Einladung ans Universum aus, Ihnen einen guten Weg durchs Labyrinth des Lebens zu weisen?

Es ist die Nummer 7: »Heute ist ein guter Tag.«

Warum? Weil ein echter Kraftgedanke immer so geformt ist, als ob das Erwünschte, Ersehnte, Erträumte schon

Wirklichkeit ist und nicht erst »noch kommen« muss. Selbst wenn Sie sich das Gewünschte »erhoffen«, haben Sie bei Weitem nicht jene Kraft ausgesandt, die den Wunsch so gut wie sicher Wirklichkeit werden lässt.

Je besser es Ihrem Geist gelingt, sich die gewünschte Situation, das ersehnte Objekt vorzustellen – in Farbe, dreidimensional und mit allen Düften, Geräuschen und Gefühlen drumherum –, desto größer die Chance, dass Ihnen das Universum das Angestrebte gewährt.

Über die »Kraft der Gedanken« haben wir schon oft geschrieben. Wir möchten sie Ihnen hier noch einmal ins Gedächtnis rufen, in der Nussschale sozusagen. Zum Nachdenken, zum Meditieren. Denn je deutlicher Sie fühlen, wie Gedanken funktionieren, welche Kraft sie tatsächlich haben, umso mehr werden Sie von den Seiten dieses Buchs profitieren.

Zu Beginn drei Beispiele. Lassen Sie sich von deren Kraft anstecken.

Fauja Singh wurde am 1. April 1911 als Sohn einer Bauernfamilie in Indien geboren. Bis zum Alter von 81 Jahren bewirtschaftete er in seiner Heimat einen Kleinbauernhof unter schwierigsten Bedingungen. Nach dem Tod seiner Frau zog er zu seinen Kindern nach Großbritannien. Dort begann er mit dem Lauftraining. Im Jahre 2000, im Alter von 89 Jahren, bestritt er seinen ersten Marathon in London. 2003 stellte Singh beim Toronto Waterfront Marathon mit 5:40:04 Stunden einen Weltrekord für seine Altersklasse auf. Dies blieb auch die persönliche Bestzeit seiner Marathon-Karriere. 2011 stellte er in Toronto einen weiteren Rekord auf, als er als erster Hundertjähriger und somit als ältester Mensch überhaupt einen Marathonlauf absolvierte. Zur Disziplin des Marathons meinte er: »Die ersten 20 Meilen sind nicht schwer. Was die letzten sechs Meilen betrifft, da spreche ich mit Gott, während ich laufe.« Am 1. April 2021 feierte er seinen 110. Geburtstag.

Irgendwo auf dieser Welt vor langer Zeit existierte einst ein Gefangenenlager, dessen Insassen völlig unterernährt waren, weil Lagerleitung und Wachen die Rationen für sich abzweigten oder verkauften. In allen Baracken gab es regelmäßig Tote, die an Unterernährung gestorben waren – mit einer Ausnahme: In Baracke 27 wirkten die Gefangenen lange nicht so erschöpft und abgezehrt wie im übrigen Lager, sie blieben bei relativ guter Gesundheit und konnten sich an der Zwangsarbeit regelmäßig und vollzählig beteiligen.

Als den Wachen dieser Unterschied auffiel, beobachteten sie einige Zeit heimlich die Baracke, konnten aber nicht feststellen, dass die Insassen irgendwelche zusätzliche Essensrationen erhielten. Schließlich ließ der Lagerkommandant einen der Gefangenen aus Bau 27 in das Offiziersgebäude schleppen und verhören, um ihm den Grund für seinen körperlichen Zustand herauszupressen:

»Schwer zu sagen«, sagte der Gefangene, »vielleicht liegt es daran, dass wir jeden Tag morgens, mittags und abends zusammenkommen, uns in eine Runde setzen und dabei vorstellen, wir hätten das beste Drei-Sterne-Menü vor uns, das man sich denken kann. Wir essen, trinken, kauen und schwingen die Löffel, bis wir alle satt sind.«

Irgendwo auf dieser Welt existierte einst vor langer Zeit ein anderes Gefangenenlager, dessen Insassen jahrelang – solange der Krieg währte – unter den schlimmsten nur denkbaren Bedingungen leben mussten. Nach ihrer Befreiung entdeckte ein junger Arzt unter den Gefangenen einen Mann, den alle nur unter dem Spitznamen »Wild Bill« kannten und der sich äußerlich völlig von den anderen Trauergestalten unterschied: Er wirkte gesund und kräftig, arbeitete unermüdlich, um den Arzt bei seiner Arbeit zu unterstützen und die Überlebenden wieder auf die Beine zu bringen, galt bei allen Häftlingen als »unser spezieller Freund«, schlichtete Streit unter den verschiedenen Volksgruppen, sprach fließend sieben Sprachen und war stets liebevoll zu allen, frohgemut und optimistisch.

Der junge Arzt war deshalb anfangs überzeugt, dass Wild Bill erst vor kurzem ins Lager gebracht worden war. Umso größer seine Überraschung, als er den Lagerakten entnehmen konnte, dass Wild Bill einer der ersten Insassen gewesen war! Dass er jahrelang dieselben Torturen mitgemacht hatte wie alle anderen auch. Fragen nach seiner Herkunft und dem Grund für seinen Zustand wich Wild Bill anfangs aus, bis er eines Nachts dem jungen Arzt mit wenigen Worten seine Geschichte erzählte:

»Doktor, es war Nacht, als vor sieben Jahren die Miliz kam und mich und meine Frau und meine vier Kinder aus dem Haus holte. Auf der Straße erschossen sie meine Frau und meine Kinder vor meinen Augen, einen nach dem anderen. Ich fiel vor den Kerlen auf die Knie und bettelte darum, auch erschossen zu werden. Der Anführer sagte nur, dass man mich wegen meiner Sprachkenntnisse noch brauchen würde, und ließ mich fesseln. Das war das Ende meines Lebens: Alles, was mir bis dahin lieb und teuer gewesen war, hatten ein paar Kugeln getötet. Ich hatte alles verloren, da war keine Hoffnung mehr und keine Zukunft. Was ich für mein Herz gehalten hatte, war tot. Genau in diesem Augenblick sagte mir eine innere Stimme, dass es Zeit ist, eine Entscheidung zu treffen: Entweder würde ich den Rest meines Lebens dem Hass und der Bitterkeit verschreiben, oder ich würde von jetzt an jeden Menschen lieben, ohne Unterschied, bedingungslos und gleichgültig, was er getan hat, was er tut oder noch tun wird. Glaube mir, Doktor, noch niemals im Leben ist mir eine Entscheidung so leichtgefallen.«

Kraftgedanken sind Gedanken mit der inneren Energie, Wirklichkeit zu werden.

WAS IST EIN PLACEBO?

Aus Geben entsteht Reichtum,
aus Disziplin entsteht Glück,
aus Geduld entstehen attraktive Formen,
aus Bemühen entsteht
die Erfüllung von Wünschen,
aus Konzentration entsteht Frieden,
und aus Weisheit entsteht
Freiheit von Behinderungen.

NAGARJUNA

Auf den ersten Blick ist ein Placebo ein Medikament, das keinerlei Wirkstoffe enthält, aber bei einem Patienten eine beabsichtigte Wirkung auslösen soll und in den meisten Fällen auch auslöst. Ganz eigentlich aber ist es ein von außen kommender Anstoß, einen Kraftgedanken zu formen! »Ich vertraue diesem Medikament zu bewirken, was mein Körper braucht.«

Kein Arzt, kein Kraut, kein Medikament kann so gut heilen wie Sie selbst. Sie sind es selbst, der heilt. Von außen kommende Dinge, Heilmittel, Ärztekunst usw. können den Weg weisen, gehen müssen Sie ihn selbst, Ihre Seele, Ihr Geist, Ihr Körper.

»Ein Placebo – das ist ja nur Einbildung!« – ein oft gehörter Satz, sogar aus dem Mund von Ärzten. **Nur** Einbildung? Einbildung ist die Fähigkeit des Geistes, ein inneres Bild zu formen, das die Chance hat, Wirklichkeit zu werden. Tatsächlich gibt es keine stärkere Kraft im Universum. Wie gesagt, nichts existiert, das nicht zuerst als Gedanke existierte, als »Einbildung«.

Wer als Arztsohn wie selbstverständlich in die Fußstapfen der Eltern tritt, ohne sein Herz und seine Seele sprechen zu lassen, ob er auch dafür gedacht ist, kann alles werden, der beste Arzt, ein Nobelpreisträger gar – aber ob er auch glücklich wird und lebt, wofür er gedacht ist, das steht auf einem anderen Blatt. Glücklich der Mensch, dem es gelingt, sich einzubilden, sich vorzustellen, zu visualisieren, zu träumen, wofür er gedacht ist.

WAS IST INTUITION?

Alles Gute auf der Welt kommt direkt aus unserer Seele.
Alles Böse auf der Welt kommt aus dem Nebel,
der sich über unsere Seele gelegt hat.
Wandere durch den Nebel, bis es licht wird.
Höre nicht auf zu wandern. Du kommst ans Ziel.
Ob es eine Abkürzung gibt? Ja, die gibt es.
Es ist die Einsicht, dass wir selbst den Nebel erzeugen.

ANONYM

Eine echte Intuition ist ein Kraftgedanke. Er steigt aus den Tiefen Ihrer Seele auf, ungehindert von Vorurteil und Fremdgedanken, von Tabus und Gehirnwäsche. In der Regel ist eine Intuition fast formlos, begleitet von einem undeutlichen, aber angenehmen und inspirierenden Gefühl von »so ist es richtig«. Fast formlos deshalb, weil sie sich im Aufsteigen aus den Quellen Ihrer Weisheit zuerst durch alle Schichten der erlernten, künstlichen Vorurteile und Überzeugungen hindurcharbeiten muss.

Fast alle von uns wachsen anfangs im Kraftfeld von Glaubenssätzen, Vorurteilen und Überzeugungen heran, die unserer direkten Erfahrung und der Wahrnehmung unseres Herzens nur zu oft widersprechen. Ein Drehbuch wird bei der Geburt für jede und jeden von uns geschrieben – von den Eltern, vom Zeitgeist, der jeweiligen »Kultur«, von Lehrern und Professoren, von Religionsdealern und Gurus.

Nur eine harmonische Kombination von Meditation, Intuition, Affirmation, Kraftgedanken und Selbstliebe lässt Sie die Kraft gewinnen, das fremde Drehbuch zu zerreißen und Ihr eigenes zu schreiben. Das Drehbuch für den Weg, für den Sie gedacht sind. Die Millionärstochter, die auf alles verzichtet, um die beste Kerzenmacherin in weitem Umkreis zu werden, hat fast sicher ihren Weg zum Glück gefunden.

Nur allzu oft vertrauen wir unserer Intuition nicht, weil die Gewohnheit stärker ist beziehungsweise die Ängste, die sie auslöst. Wir lassen sie dann so schnell vergehen wie eine kurze, bunte Gedankenwolke, die wir nicht als wirklich und gültig erkennen. Erst viel später erinnern wir uns an sie, und dann folgen Sätze wie »Das habe ich mir gleich gedacht« oder »Hätte ich mir selbst nur besser zugehört«.

Eine kurze Meditation, und wir würden erkennen, welchen Wert ein intuitiver Gedanke hat und dass es sich lohnt, ihm zu folgen.

WAS IST EINE ENTSCHEIDUNG?

Immer wenn ihr etwas Wunderbares schaffen wollt,
setzt euch zuerst ruhig hin und meditiert tief,
bis ihr mit der euch innewohnenden unendlichen,
erfinderischen und schöpferischen Kraft verbunden seid.

YOGANANDA

Eine Entscheidung bedeutet, einen Gedanken Wirklichkeit werden zu lassen. Ein Mensch, der eine Entscheidung gefällt hat, muss kein willensstarker Mensch sein. Die Kraft der Entscheidung steht weit über der Kraft des Willens.

Willenskraft hat nicht umsonst die Färbung von Widerstand, Anstrengung, Überwindung von Hindernissen. Wer sich aber entschieden hat, muss sich nicht mehr anstrengen. Wer sich entschieden hat, macht oft die Erfahrung, dass sich Türen wie von selbst öffnen, dass die Dinge **leicht** von der Hand gehen, auch wenn Hindernisse auftauchen.

Das soll keineswegs heißen, dass eine Entscheidung bedeutet, auf Erfahrung zu verzichten. Wenn eine neue Erfahrung die Entscheidung von gestern obsolet macht, sollte man sich neu entscheiden. Wer das nicht tut, wird manchmal mit Adjektiven wie beharrlich, eisern, entschlossen bedacht, in Wirklichkeit aber ist er oder sie ein Sturkopf.

Nichts kann Gedanken fesseln und versklaven, es sei denn, **wir lassen es zu**. Ein Mensch, der sich dieser Entscheidungsfreiheit bewusst ist, steht jeden Morgen auf und entscheidet sich für den Gedanken: **»Was ich zum Leben brauche, wird kommen.«** Eine der besten Affirmationen.

Vielleicht enthalten die Beispiele oben einen Teil des Stoffs, den Sie brauchen, um von jetzt an Ihre eigenen Entscheidungen im Leben zu fällen. Vergessen Sie für einige Zeit, was Freunde, Nachbarn, Partner, Kinder, Ihr Chef, Ihre Kollegen – »die Welt« – sagen. Sie haben immer die Wahl, wie Sie verstehen und leben wollen, was Sie sehen – von Augenblick zu Augenblick neu und ohne die Fesseln der Festlegung auf einen bestimmten Charakter oder auf Ihre Vergangenheit.

Vergangenheit fesselt nur dann, wenn Sie es zulassen.

Auf die eigene Art zu denken
ist nicht selbstsüchtig.
Wer nicht auf die eigene Art denkt,
denkt überhaupt nicht.

OSCAR WILDE

Vom **Gedanken** zum **Kraftgedanken**

Bei den meisten Menschen sind die Denkgewohnheiten fest verwurzelt; daher fällt es ihnen schwer, sich zu ändern. Wer seinen Geist jedoch flexibel macht, indem er Selbstdisziplin übt, kann sich leicht ändern. Der Geist muss wie Knetmasse sein. Weisheit hält den Geist plastisch. Das ist Freiheit.

Ich wünschte, die ganze Menschheit könnte diese Freiheit von Gewohnheiten erfahren. Wenn ihr euch einmal von der Sklaverei der Gewohnheiten freigemacht habt, werdet ihr wissen, dass es kein größeres Glück gibt, als ein freier Mensch zu sein und entsprechend zu handeln. YOGANANDA

ES IST SCHON GESCHEHEN!

Was macht eine Affirmation, einen Kraftgedanken erfolgreich? Das Affirmieren, das Verstärken, das Kraftverleihen – wie kann es gelingen? Drei Dinge helfen dabei:

- → Sich vorzustellen, das Gewünschte sei schon geschehen.
- → Der richtige Zeitpunkt der Affirmation.
- → Die Wahl der Meditationsfarben.

Um eine Affirmation Wirklichkeit werden zu lassen, stellen Sie sich vor, dass sie schon geschehen ist.

ES.

IST.

SCHON.

GESCHEHEN.

Eine Affirmation dürfen Sie nicht als Bittsteller vorbringen. Sonst würde das Universum unweigerlich dafür sorgen, dass Sie Bittsteller **bleiben**. Denn das ist es, was das

Universum von Ihnen wahrnimmt.

Das Geheimnis eines erfolgreichen Gebets, einer Affirmation, eines Kraftgedanken ist es also, mit aller Gedanken- und Vorstellungskraft zu visualisieren, das Gewünschte sei schon Wirklichkeit.

Nehmen wir die Affirmation »Neue Erfahrungen begrüße ich mit offenen Armen«. Stellen Sie sich vor, wie Sie den Tag mit offenen Armen begrüßen, wie Sie statt schüchtern und ängstlich voll Mut und Neugier auf neue Bekanntschaften und ungewohnte Situationen zugehen. Stellen Sie sich dabei die Umgebung, Ihre Kleidung, Ihre Haltung vor – die Gerüche, die Sie umgeben, die Farben, die Laute, die gesprochenen Worte. Stellen Sie sich vor, wie Ihnen gelingt, was Sie affirmieren. In Farbe, 3D und Cinemascope.

Bis Sie das klare Gefühl haben: »Ja, das bin ich.«

DER MONDKALENDER – DAS GUTE WERKZEUG ALLER JAHRTAUSENDE

Ebenso wie Stille einer Meditation mehr Tiefe und Energie verleiht, so kann der weise gewählte Zeitpunkt einer Affirmation dazu beitragen, dass sie an Kraft gewinnt. Dass die Wahrscheinlichkeit wächst, sie zu materialisieren, sie Wirklichkeit werden zu lassen. Dabei wird Ihnen dieses Buch helfen.

Denn **ein** Schlüssel zur großen weiten Welt der Kunst des richtigen Zeitpunkts ist ein Mondkalender – ein Kalender, der die Mondphasen und den Stand des Mondes im Tierkreis angibt.

Nach Jahrzehnten des Vergessens ist heute das jahrtausendealte Wissen um die Einflüsse der Mondrhythmen auf dem besten Weg, sich seinen rechtmäßigen Platz in unserem Alltag zurückzuerobern. Weltweit, von Alaska bis Feuerland, von den Philippinen bis nach Neuseeland, wurde und wird es ausgeübt. Bauern, Gärtner, Heilkundige, Handwerker, Holzhändler – überall lebten sie »nach dem Mond«, so selbstverständlich wie die Kids von heute mit Handy und Internet aufwachsen. Nicht im Traum wären diese Menschen auf die Idee gekommen, nicht zuerst den Mondkalender zu Rate zu ziehen, bevor sie säen und ernten, heilen und bauen. Gedankenlos würde unseren Vorfahren und manchen wissenden Zeitgenossen das Verhalten heutiger Menschen erscheinen, die zu willkürlich gewählten Zeitpunkten die Felder bearbeiten und **genau deshalb** ohne Kunstdünger und Pestizide keine Erträge mehr einfahren.

Es waren die genaue Beobachtung der Natur, der Tier- und Pflanzenwelt und das Leben in Harmonie mit ihr, die unsere Vorfahren zu Meistern des richtigen Zeitpunkts gemacht haben. Direkte persönliche Erfahrung hatte unsere Vorfahren zur Erkenntnis geführt,

⟶ dass zahllose alltägliche und weniger alltägliche Handlungen von Naturrhythmen beeinflusst werden – vom Holzschlagen über Kochen, Essen, Brotbacken, Milchverarbeitung, Haareschneiden, Gartenarbeit, Düngen, Waschen bis zur Anwendung von Heilmitteln, Operationen und vieles mehr;

→ dass Pflanzen und ihre Teile von Tag zu Tag unterschiedlichen Kräften ausgesetzt sind, deren Kenntnis ausschlaggebend für erfolgreichen Anbau, Pflege und Ernte der Früchte ist; dass Kräuter, zu bestimmten Zeiten gesammelt, ungleich wirksamer sind als welche, die zu anderen Zeiten geerntet werden; und dass Nahrungsmittel aus diesen Pflanzen zu unterschiedlichen Zeiten vom Körper unterschiedlich vertragen werden;

→ dass Operationen und Medikamentengaben, an bestimmten Tagen durchgeführt, hilfreich sind, an anderen Tagen nutzlos oder gar schädlich – oft unabhängig von Dosis und Qualität der Medikamente und aller Kunst des Arztes;

→ dass zahlreiche weitere Geschehnisse in der Natur – Ebbe und Flut, Verhalten der Wildtiere, das Wetter, der Zyklus der Frauen und vieles mehr – in Beziehung zur Mondwanderung stehen.

Zusammengefasst: Unsere Vorfahren lebten nach der Erkenntnis, dass der Erfolg einer Absicht nicht nur vom Vorhandensein der nötigen Fähigkeiten und Hilfsmittel abhängt, sondern auch entscheidend vom Zeitpunkt des Handelns. Und dass dieser günstige Zeitpunkt weitgehend mit der Mondphase und dem Stand des Mondes im Tierkreis in Zusammenhang steht.[1]

1 Die genauen Zusammenhänge, Rhythmen und Regeln haben wir in unseren Büchern umfassend dargestellt. Inhalt und Leseproben siehe unsere Website www.paungger-poppe.com

DER MONDSTAND IM TIERKREIS

Neben den Mondphasen Vollmond und Neumond, zunehmender Mond und abnehmender Mond sind im Mondkalender im Laufe eines einzigen Monats alle zwölf Tierkreiszeichen angegeben. Sie spielen beim »Meditieren zum richtigen Zeitpunkt« die wichtigste Rolle.

Wenn die Erde um die Sonne wandert, hält sich die Sonne im Laufe eines Jahres jeweils etwa einen Monat lang in einem Zwölftel des Tierkreises auf – vom Tierkreiszeichen Widder Ende März bis zum Tierkreiszeichen Fische Ende Februar. **Dieselben Tierkreiszeichen** durchläuft auch der Mond bei seinem etwa 28-tägigen Umlauf um die Erde, wobei er sich jedoch in jedem Zeichen nur etwa 2,5 Tage lang aufhält. Alle früheren Mondkalender gaben diese Positionen im Tierkreis immer nur für ganze Tage an, deshalb steht der Mond im Kalender manchmal zwei, manchmal drei Tage in einem Tierkreiszeichen. Diese Genauigkeit ist für fast alle Aspekte des Mondwissens ausreichend.

Die Grundtabelle auf der hinteren Umschlag-Innenseite ist neben dem Mondkalender das grundlegende Handwerkszeug für fast alle Bereiche des Mondwissens. Sie gibt einen Überblick über die unterschiedlichen Wirkungsimpulse der einzelnen Mondstände im Tierkreis – auf Körperzonen, Pflanzenteile, Nahrungsqualität und so weiter – und zeigt Ihnen die gebräuchlichsten Symbole für die Tierkreiszeichen. Sie erleichtert so das Auffinden und Identifizieren dieser Zeichen in den Mondkalendern.

Mit dem Mondstand im Tierkreis sind also zwölf unterschiedliche Kraftwirkungen verbunden, die auf der Erde deutliche »Spuren« hinterlassen. Ihr Einfluss auf Pflanze, Tier und Mensch ist deutlich wahrnehmbar, besonders was die Wirkung auf den Körper und die Gesundheit, auf den Garten und die Landwirtschaft betrifft. Und eben auch auf den Erfolg einer Meditation und einer Affirmation.

Beispiel: Der Mond in Jungfrau regiert dieVerdauungsorgane. Alle Maßnahmen zur Förderung einer guten Verdauung an diesen zwei oder drei Tagen im Monat sind wirksamer und erfolgreicher als an anderen Tagen. Umgekehrt wirkt alles, was die Verdauung belastet, an Jungfrautagen schädlicher als bei anderen Tierkreiszeichen.

Wenn Sie also eine Affirmation für die Jungfrautage machen, dann werden Sie dabei von der besonderen Energie unterstützt, die der Mondstand an diesem Tag bereithält und die sich neben der Kraftwirkung für den Sinn der Affirmation auch positiv auf Ihre Verdauungsorgane auswirkt.

KRAFTGEDANKEN UND FARBEN

Mit Farben meditieren – das ist wie der Blick auf einen Gewürzmarkt in Indien: Die Vielfalt, die Farbenpalette ist überwältigend. Dennoch gibt es zu jeder Stunde, an jedem Tag Ihres Lebens Farben, die Sie gerade besonders ansprechen und die Ihnen etwas »sagen«.

Farben sprechen zu uns. Die Farben, mit denen wir uns kleiden und umgeben, sprechen von Harmonie und Dissonanz, von Anpassung und Rebellion, von Zugehörigkeit und Außenseitertum. Die Farbexplosionen der Hippies, die Farben von Berufskleidung und Ausgehroben – sie alle dienen zur Untermalung von Dingen, die etwas aussagen sollen. Farben statt Worte.

Dabei wählen wir Farben bewusst oder unbewusst, um innere Zustände nach außen zu tragen. Wer sie »lesen« kann, versteht Menschen besser, als wenn er nur ihren Worten lauscht. Auch kulturell spielen Farben eine große Rolle. Bei Trauerfällen trägt man in unser Kultur Schwarz, weil diese »Nicht-Farbe« hilft, Gefühle zu beherrschen beziehungsweise zu verbergen. Andere Kulturen verwenden Weiß, weil es hilft, das Gemeinschaftsgefühl zu stärken.

Farben haben Kraft. In vielfacher Weise. Das berühmte Motiv vieler orientalischer Sagen und Märchen vom »fliegenden Teppich« hat eine Wurzel in der Wirklichkeit. Nämlich in der alten Kunst, einen Teppich in Farbkombination und Mustern so zu weben, dass er den Menschen, der sich mit ihm umgibt oder gar auf ihm meditiert, in einen anderen geistigen Zustand versetzt. Einen Zustand der Wachheit, der gesteigerten Wahrnehmung. Er bringt den Geist fast buchstäblich zum Fliegen.

Wir können Farben einsetzen wie andere Energieformen auch. Wer in Kleidung und häuslicher Umgebung weise mit Farben umgeht, kann Kraftplätze erschaffen, die wie eine Batterie wirken, die Kraft gibt.

In erster Linie sollten Sie Farben zum Visualisieren bei einer Meditation oder Affirmation nach Gefühl wählen, aber es ist sicher hilfreich, Ihnen die Zusammenhänge nahezubringen.

MIT FARBEN MEDITIEREN

Jede **Körperregion**, die von einem Tierkreiszeichen regiert wird, befindet sich in harmonischer Wechselwirkung mit einer bestimmten **Meditationsfarbe**. Die folgende Tabelle zeigt, wie:

Tierkreiszeichen	Körperregion	Meditationsfarbe
Widder	Kopfbereich	Indigoblau bis Bläulichweiß
Stier	Hals, Kiefer	kräftiges Blau
Zwillinge	Schultern, Arme, Hände	helleres Blau
Krebs	Brustbereich, Lunge	Grün
Löwe	Herz, Kreislauf	Grün
Jungfrau	Verdauungsorgane	Gelb
Waage	Hüfte	Orange
Skorpion	Geschlechtsorgane	Rot
Schütze	Oberschenkel	im oberen Oberschenkel Orange, im unteren Oberschenkel Gelb
Steinbock	Knie, Knochen, Haut	Grün
Wassermann	Unterschenkel	Hellblau, kräftigeres Blau an den Knöcheln
Fische	Füße	helleres Blau, geht dann wieder über ins Indigoblau bei Widder

Kraftgedanken besitzen unterschiedliche Stärke und Wirkung. Manche versetzen Berge, manche perlen an der Wirklichkeit ab wie ein Wassertropfen auf der Haut eines Elefanten. Wie also eine Affirmation so mit Energie versehen, dass sie ihre Arbeit tut?

Der Weg führt über die Kraft der Vorstellung, der **Visualisierung**. Wenn Sie einen Gedanken vor Ihrem geistigen Auge lebendig werden lassen, ihn mit Bildern des gewünschten Ziels umgeben, in Farbe und 3D, mit Gerüchen und lebendigen Tönen, dann gewinnt er an Kraft.

Meditationsfarben beruhen auf der Tatsache, dass der Körper eines Menschen von einem elektrischen Feld umgeben ist, das unterschiedlich stark ist und in unterschiedlichen Farben leuchtet. Manche Menschen besitzen die besondere Gabe, diese Farben sehen zu können. Ist nun ein bestimmter Bereich wie auch immer belastet, durch eine Verletzung, eine chronische Störung oder auch Stress, dann leuchtet er schwächer oder anders. Hier kommt die Meditationsfarbe dieser Körperzone zu Hilfe. Sie kann jeden Heilungsprozess positiv beeinflussen.

Beispiele: Wenn Sie unter chronischen Kopfschmerzen leiden oder Probleme mit Ohren, Augen oder Nase haben, dann könnten Sie sich bei einer Heilmeditation den Kopf in hellblaues Licht getaucht vorstellen. Oder wenn Sie sich mit Hüftproblemen herumschlagen, dann visualisieren Sie die Hüfte in orangefarbenes Licht gehüllt.

Meditationsfarben haben immer eine positive Wirkung. Diese Wirkung verstärkt sich, wenn Sie auch noch beim jeweiligen Tierkreiszeichen meditieren. Um bei den Beispielen zu bleiben: Kopfbereich – Hellblau – Widder. Hüftprobleme – Orange – Waage.

Die Meditationsfarben eignen sich ganz besonders für die Anwendung **während einer Affirmation**. Stellen Sie sich gleichzeitig die jeweils regierte Körperzone vor, wie sie von der Farbe eingehüllt wird.

Mit dieser Form der Verstärkung Ihrer Meditation und Ihrer Kraftgedanken haben Sie viel getan, um Ihre Ziele zu erreichen.

DIE TAGESFÄRBUNGEN DER TIERKREISZEICHEN

Kommen wir zum zweiten Bereich, in dem Farben und Tierkreis eine Rolle spielen. Viele unserer LeserInnen haben es schon erfahren: Jeder **Mondstand im Tierkreis** steht in Wechselwirkung mit einer **Tagesfärbung**.[2] In diesen Farben leuchten auch die Tierkreiszeichen-Symbole, die Sie in unseren Mondkalendern finden. Diese Tagesfärbung verhält sich anders als die Meditationsfarbe. Sie durchzieht den ganzen Tag, ähnlich wie eine Schwingung oder ein bestimmter Ton, der in der Luft liegt.

Viele Menschen empfinden diese Schwingung deutlich und richten sich unbewusst in der Wahl der Farben in ihrer Kleidung oder der Zutaten beim Kochen etc. danach.

Jeder Tagesfärbung ist auch eine **Kontrafarbe** zugeordnet, die manchmal eine wichtige Rolle spielen kann, etwa wenn die Farbe des Tages Rot schwingt (bei Widder, Löwe und Schütze) und Nervosität auslöst. Blau als »Ausgleichsfarbe« kann dann beruhigend wirken.

Und so sehen hier die Zusammenhänge aus:

Tierkreiszeichen	Tagesfärbung	Kontrafarbe
Widder	Rot	Blau
Stier	Blau	Rot
Zwillinge	Gelb	–
Krebs	Grün	Weiß
Löwe	Rot	Blau
Jungfrau	Blau	Rot
Waage	Gelb	–
Skorpion	Grün	Weiß
Schütze	Rot	Blau
Steinbock	Blau	Rot
Wassermann	Gelb	–
Fische	Grün	Weiß

2 Die genauen Zusammenhänge, Rhythmen und Regeln haben wir in unseren Büchern umfassend dargestellt. Inhalt und Leseproben siehe unsere Website www.paungger-poppe.com

Die Grundregel lautet hier: Tagesfärbung und Kontrafarben beeinflussen uns im Alltag auf besondere Weise anders oder stärker, wenn man sie in dem Tierkreiszeichen verwendet, dem sie zugeordnet sind.

Jeder Tag ist gleichsam »regiert« von einer Farbe. Wenn Sie beispielsweise an einem bestimmten Tag das Gefühl haben, eine Tagesfärbung als begleitende »Medizin« bei bestimmten Krankheiten und Störungen anwenden zu wollen, statt einer Meditationsfarbe, dann wählen Sie die Farbe für die Kleidung oder ein Kleidungsstück, das Sie in diesem Fall tragen wollen. Dabei ist es gleichgültig, ob Sie es direkt auf dem Körper tragen oder als Jacke, Decke, Mantel usw. Die Farbstrahlung, die das Auge aufnimmt, wirkt sich nämlich ebenfalls günstig bei der jeweiligen Störung aus.

Damit Sie dieses Wissen besser in die Praxis umsetzen können, unternehmen wir eine kurze Wanderung durch den Tierkreis und beschreiben die jeweilige Tagesfärbung und Kontrafarbe und wie Sie sie im Laufe eines Mondmonats – von Widder bis Fische – für Ihren Alltag erschließen können.

WIDDER, LÖWE, SCHÜTZE

An den Widder-, Löwe- und Schützetagen regiert die Tagesfärbung Rot. Rot regt schöpferische, vitale, erdhafte Energien an und fördert Leidenschaft und spontanes, mutiges Handeln. Es muntert auf, bringt Schwung und den Mut, neue Ideen umzusetzen. Rot in Kleidung und Nahrung aktiviert die Leber und unterstützt die Produktion roter Blutkörperchen. Als Farbe der entgiftenden, ausscheidenden Kraft befreit sie von Verstopfungen und Verschleimungen und ist günstig bei Eisenmangel.

Die Farbe Rot wirkt in der Ernährung besonders stark, gleichgültig ob als Getränk (zum Beispiel roter Johannisbeersaft) oder etwa als Gemüse (zum Beispiel Tomaten). Mit gezielter Anwendung von rotgefärbten Lebensmitteln können Sie viel Gutes bewirken und Ihren Kreislauf in Schwung bringen. Wenn das Gegenteil der Fall ist und Blutdruck und Durchblutung eher zu hektisch sind, wenn Rot eher Unruhe und Nervosität auslöst, dann kann die »Kontrafarbe« Blau zum Zug kommen, um zu dämpfen und zu beruhigen. Gleichgültig, ob in Kleidung, Tischwäsche, Dekoration etc.

STIER, JUNGFRAU, STEINBOCK

Bei Stier, Jungfrau und Steinbock regiert die Tagesfärbung Blau. Blau wirkt beruhigend, ausgleichend, schmerzstillend, schlaffördernd und entzündungshemmend. Blau wirkt zudem kühlend, kann also bei Fieber und auch bei Verbrennungen eingesetzt werden. Alle blaugefärbten Speisen entwickeln in diesen Tagen eine starke Kraft. Blau in Nahrungsmitteln wirkt immer stärkend, aber besonders an Stier, Jungfrau und Steinbock.

Wer viel mit Menschen zu tun hat, kann sich mit Blau in der Kleidung seelisch besser abschirmen. Blau macht ruhig und gelassen und öffnet den Geist für schöpferische Gedanken ohne Beeinflussung von außen.

Generell hat ein Übermaß an Blau ähnlich wie bei Grün kaum negative Wirkungen. Nur in Ausnahmefällen kann es zu stark ermüden und zu Langeweile, Lustlosigkeit und auch zu niedrigem Blutdruck führen. Dann umgeben Sie sich am besten auf irgendeinem Weg mit der Kontrafarbe Rot.

ZWILLINGE, WAAGE, WASSERMANN

Zwillinge-, Waage- und Wassermanntage werden von der Tagesfärbung Gelb regiert. Gelb ist die Farbe der geistigen Inspiration, macht munter, unterstützt die Drüsenfunktion, stärkt die Nerven, aktiviert die Schleimhäute, baut auf, unterstützt Denkprozesse. Gelb regt die Verdauungssäfte an und hilft bei Verdauungsstörungen und Darmträgheit, wirkt nervenberuhigend und gegen geistige und nervöse Erschöpfungszustände und eignet sich deshalb als Farbe in Klassen- und Studierzimmern. Die Farbe Gelb wirkt als Beruhigungsmittel für die Milz, aktiviert das Lymphsystem und hilft bei Leberschäden.

Gelb in Kleidung und Innenausstattung, als Wandfarbe etc., regt nicht nur die Inspiration an, sondern fördert auch alle Tätigkeiten, die Ausdauer verlangen. Gelb lässt vieles beschwingter, aktiver und leichter erscheinen.

KREBS, SKORPION, FISCHE

Krebs, Skorpion und Fische regiert die Tagesfärbung Grün. Grün wirkt ausgleichend und neutralisierend, die Farbe der Harmonie, der Heilung und des natürlichen Reifens. Grün beeinflusst die Hirnanhangdrüse (Hypophyse) und greift damit regulierend in den Stoffwechsel ein. Es bringt Gleichgewicht zwischen Leber und Milz und wirkt regenerierend auf Muskeln und Bindegewebe. Für die Augen wirkt es wohltuend und beruhigend.

Grün wirkt auf das vegetative Nervensystem und fördert das Wachstum. Gerade bei Grün mangelt es ja nicht an Angeboten im Lebensmittelbereich. Aber auch Grün in der Kleidung und Spaziergänge im Grünen haben an diesen Tagen eine stärkere Wirkung.

Zu viel Grün hat kaum negative Effekte. In seltenen Fällen wirkt es allzu dämpfend, macht unentschlossen. Manchmal reagiert man zu langsam, allzu »geduldig«. Die Farbe Weiß kann dann Ausgleich schaffen.

Die geschilderten Zusammenhänge mögen vielleicht etwas kompliziert wirken, aber persönliche Vorliebe, Gefühl und Intuition spielen hier die größte Rolle. Spielen Sie mit den Informationen, wachsen Sie langsam hinein, lernen Sie sich kennen. Lassen Sie sich inspirieren von den vielen Möglichkeiten. Es ist ein höchst individuelles Abenteuer, vergleichbar mit dem Kochen mit einer Vielfalt von Gewürzen.

Wählen Sie also Farben nach Tierkreiszeichen aus – nach der Meditationsfarbe oder nach der Tagesfärbung. Vertrauen Sie bei der Wahl ruhig Ihrem Gefühl. Oft entscheiden wir uns intuitiv richtig, aber die Kenntnis der hier dargestellten Zusammenhänge wird sich als hilfreich erweisen.[3]

3 Wer sich mit den Farben ohnehin schon vertraut gemacht hat, wird als heilende Unterstützung zusätzlich unsere Bücher *Das Tiroler Zahlenrad* und *Lebenschance Tiroler Zahlenrad* (Goldmann Verlag) lieben.

MEDITATION UND AFFIRMATION IM ALLTAG

Wie man Affirmationen und Meditieren im Alltag anwendet? Lassen Sie sich von Ihrem Gefühl leiten. Eine gute Methode ist es, dieses Buch griffbereit auf dem Nachttisch zu haben. Dann abends als Letztes und morgens als Erstes: nachsehen, in welchem Tierkreiszeichen der Mond steht, eine Affirmation wählen und mit diesem Gedanken einschlafen oder aufstehen. Ein guter Weg.

Wir möchten es Ihnen beinahe versprechen: Meditation und Affirmation – sie öffnen nach und nach eine Tür zur inneren Freiheit. Sie werden erleben, wie Sie allmählich ruhiger und gelassener werden, wie Sie nach und nach künstlichen Denk-, Fühl- und Verhaltensautomatiken entkommen. Wie Sie sich aus der Sklaverei von Routinen befreien können – von einem Leben, in dem Sie in erster Linie nur auf die Welt reagieren, statt sie zu gestalten.

Vielleicht haben Sie auch das Gefühl gewonnen, dass bestimmte Gedanken und Affirmation vergleichbar sind mit dem Griff in einen Medizinschrank. Negative Gedanken, chronische Sorgen und Ängste können körperlich krank machen. Ebenso aber können bestimmte Wort- und Gedankenfolgen heilend wirken, auch auf schon bestehende Krankheiten.

Sie werden erleben, wie es Ihnen leichter fällt, in belastenden oder überraschenden Alltagssituationen nicht mehr automatisch zu reagieren, sondern blitzschnell aus der Palette der möglichen Gedanken, Affirmationen und Meditationen die jeweils passenden zu wählen: konstruktiv, heilend, positiv, optimistisch.

Sie erlernen »Blitzmeditationen«.

Einige Beispiele aus dem Alltag:

⟶ Etwas, das wohl fast jeder Mensch kennt. Ob als Fußgänger, Autofahrer, Radfahrer etc. – jeder von uns wurde schon einmal angerempelt, von unachtsamen Zeitgenossen überraschend behindert, im Straßenverkehr »geschnitten«. Wie sieht Ihr erster Gedanke aus? »Unverschämtheit!«, »So eine Frechheit!«, »Pass besser auf, du Trottel!«, begleitet von mehr oder weniger unfreundlichen Gesten. Was geschieht jetzt in Ihrem Körper als Reaktion – **nicht** auf die andere Person, sondern auf Ihre eigenen Gedanken, die in diesem Augenblick als Reaktion durch Ihren Kopf und somit durch Ihren ganzen Körper schießen? Zumindest eines ist sicher: Ihr Körper wird ein Stück schwächer, Ihr Immunsystem ist unter Druck, Sie sind ein kleines Stückchen vergiftet, im wahrsten Sinne des Wortes.

Was aber, wenn Sie gelernt haben zu meditieren? Wenn Sie Ihren Tag mit positiven Affirmationen begonnen und beendet haben?

Sie haben dann die Wahl!

Sie können sich für andere Gedanken entscheiden. Sie können sich sagen: »Das war sicher ein Fahranfänger, der genauso erst lernen und Erfahrung sammeln muss wie ich damals. Es war sicher nicht persönlich gemeint. Jetzt komme ich zehn Sekunden später an der nächsten Kreuzung an, und wer weiß, vielleicht hat mich das vor einem Unfall bewahrt.«

→ Ein Kind kommt von der Schule nach Hause und knallt ohrenbetäubend laut die Tür zu. Die »normale« Reaktion von Eltern reicht von Erschrecken, Ärger bis zu

Sorgen und Angst. Eine Blitzmeditation, mit der Sie solche vergiftenden Reaktionen in Sekunden in Luft auflösen könnten, sieht vielleicht so aus:

»Oh je, es geht ihm nicht so gut. Ich höre so lange zu, bis ich herausfinde, warum es ihm schlecht geht. Wenn ich mich recht erinnere, war ich auch einmal Kind. Was hätte ich mir damals von meinen Eltern gewünscht? Diesen Wunsch erfülle ich ihm jetzt. Und damit mir.«

Das biblische Wort von den »Sünden der Väter, die bis in die dritte und vierte Generation weitergegeben werden« hat nur dann Gültigkeit, wenn man die Sünden wiederholt. Die Kette der automatischen Übertragung von Fehlern kann mit Ihnen zerbrochen werden.

⟶ Ein heftiger Streit hat sich zwischen Ihnen und Ihrem besten Freund entwickelt. Sie fühlen sich vollkommen im Recht. Ihre Gedanken kreisen hektisch: »Er ist schuld! Warum sieht er nicht, dass ich recht habe! Womit habe ich das verdient?« Und ähnliche Gedankenströme, die nichts zur Auflösung und Beruhigung beitragen. Sie könnten jetzt umschalten und folgende Gedanken wählen und darüber meditieren, bevor Sie den nächsten Schritt machen:

»Ich versetze mich jetzt in die Lage meines Gegenübers.

Was ist mein Anteil an der verfahrenen Situation? Habe ich auch wirklich zugehört? Habe ich versucht zu verstehen, was er wirklich meint - hinter den Worten, zwischen den Zeilen? Habe ich mich gerechtfertigt, statt meinem Fehler in die Augen zu schauen?«

⟶ Sie stellen fest, dass Sie sich mit hohen Schulden belastet und allzu lange davor die Augen verschlossen haben. Langsam, aber sicher gestatten Sie sich, von Gedanken der Sorge und Zukunftsangst erdrückt zu werden. Meditation und Affirmation könnten Ihnen aus der Situation heraushelfen:

»Ich gehe zur Schuldnerberatung und schäme mich dessen nicht. Es wird sicher einen Weg geben, und ab jetzt bringe ich Ordnung und Struktur in meine Finanzen. Ich übernehme Verantwortung und freue mich daran, denn das bringt mir meine Freiheit zurück.«

⟶ Sie wachen mit verstopfter Nase, Fieber und Gliederschmerzen auf: Die echte Grippe hat sie erwischt! Und Sie hatten doch so viel vor, so viele Pflichten, so viele Dinge wären zu erledigen! Schalten Sie um und halten Sie so gut es geht den Gedanken fest:

»Ich akzeptiere die mir auferlegte Pause mit offenen Armen. Ich nütze sie, um meinen Alltag zu betrachten und neu zu ordnen. Ganz ohne Zweifel werde ich erkennen, dass die Unterbrechung meiner Routinen einen klaren Sinn hatte. Ich werde ihn entdecken, zum Wohle aller. Aus dieser Zwangspause werde ich das Beste machen.«

⟶ Das Wetter macht einen Strich durch die Rechnung. Eine lang ersehnte Auszeit/Wochenende/Mini-Ferien fallen buchstäblich ins Wasser. Deprimierte Gedanken überschwemmen Ihren Körper mit »Schadstoffen« wie »Das musste ja so kommen. Ich hab's ja schon geahnt. Warum immer ich?« und ähnlichen unfreundlichen Überlegungen, die den Tag restlos versauen. Wie könnte die Blitzmeditation aussehen? Vielleicht so:

»Meine Pläne sind ins Wasser gefallen. Trotzdem werde ich die Zeit nützen! Wer weiß, wozu es gut ist!«

⟶ Eine beste Freundin gibt sich aus heiterem Himmel als Anhängerin einer abstrusen Sekte oder eines verhassten Politikers zu erkennen. Sie sind schockiert und denken etwa »Wie KANN sie nur? Nie hätte ich das von ihr gedacht. Ich bin sooo enttäuscht.« Worin könnte hier echte

Hilfe zur Selbsthilfe bestehen?

Fragen Sie sich doch: »Welche Not, welcher Zorn, welche Situation hat sie dazu getrieben? Welche Nöte, welche Ängste habe ich überhört?« Das wäre sehr heilsam.

Wenn kein echtes Miteinander, kein tiefes Verstehen vorhanden ist, können Aggressionen hochkommen, die großen Schaden anrichten. Solche Menschen fühlen sich hilflos, ja, sogar ohnmächtig, wegen des endlosen »Nicht-gehört-Werdens«.

Eine zutiefst verwerfliche Methode des Umgangs mit solchen Menschen ist, sie der Lächerlichkeit preiszugeben. Nicht einmal Politikern ist bewusst, wie zerstörerisch das ist. Viele Menschen wurden schon in der Schulzeit gemobbt und konnten sich nicht wehren, was oft lebenslang nachwirkt. Sekten, Rattenfänger und machtgierige Politiker sind Profis, solchen Menschen ein »schöneres Leben« zu versprechen. »Du bist doch eine/r von uns« – mit solchen Sätzen werfen sie die Köder aus. Echte Lösungen aber haben sie nie.

→ Ein störrisches Kind oder ein wenig geliebter Besuch macht in ihrer Wohnung etwas kaputt, eine geliebte Schnitzerei von der Urgroßmutter, Rotwein auf dem wertvollen Teppich usw. Sie reagieren mit einem Gedankenchaos wie »Unersetzlich. Wie kann sie nur! Das hat er absichtlich gemacht!« und ähnlichem Gedankentrubel, der Ihren Blutdruck steigen lässt und Ihnen auf den Magen schlägt, im wahrsten Sinne des Wortes. Wie können Sie gedanklich umschalten, welche Meditation würde schnelle Hilfe bringen? Wie wäre es mit dem gedanklichen Allheilmittel:

»Jetzt bin ich aber gespannt, was der Sinn dieses kleinen Unglücks ist.«

Oder: »Mit diesem Stück ist eine schöne Erinnerung verbunden, aber das Schicksal sagt mir, dass ich nicht mehr daran hängen muss. Und vielleicht ist ja auch der Sinn, dass sich später meine Kinder darum bis aufs Messer gestritten hätten.«

→ Eine chinesische Geschichte erzählt von einem alten Bauern, der für die Feldarbeit nur ein altes Pferd als Hilfe hatte. Eines Tages entfloh das Pferd in die Berge, und als alle Nachbarn das Pech des Bauern bedauerten, antwortete er nur: »Pech? Glück? Wer weiß?«

Eine Woche später kehrte das Pferd mit einer Herde Wildpferde aus den Bergen zurück, und diesmal gratulierten die Nachbarn wegen dieses Glücksfalls. Der Bauer sagte nur: »Pech? Glück? Wer weiß?«

Als der Sohn des Bauern versuchte, eines der Wildpferde zu zähmen, warf ihn das Tier ab, und er brach sich ein Bein. Jeder hielt das für großes Pech. Nicht jedoch der Bauer, der sagte: »Pech? Glück? Wer weiß?«.

Einige Wochen später marschierte das Militär in das Dorf ein und zog jeden tauglichen jungen Mann ein, den sie finden konnten. Nicht jedoch den Bauernjungen.

Glück? Pech? Wer weiß?

→ Sie sind langsam, aber sicher ein Opfer von Bullying an Ihrem Arbeitsplatz geworden. Sie fühlen sich nicht respektiert, gedemütigt, beschämt. Welche Affirmationen können Ihnen aus dieser Situation heraushelfen? Versuchen Sie es mit:

»Ich bin erwachsen, und deshalb bin ich dieser Situation gewachsen. Ich habe eine Stimme. Nicht ich werde angegriffen, sondern die Hilflosigkeit, die sie wahrnehmen. Sie sind wie Kinder, die Grenzen erkennen wollen.«

Es gibt immer andere Möglichkeiten, mit einer solchen Situation umzugehen. Wenn Sie nie gelernt haben, Grenzen zu setzen, verhalten sich Mitmenschen oft wie unerzogene Kinder. Stehen Sie auf, nehmen Sie vorübergehend einen nicht so gut bezahlten Job an, wenn Sie vor einer Kündigung

Angst haben. Üben Sie Selbstbewusstsein. Durch Meditation und Affirmationen gelingt es.

⟶ Ein Mann fand heraus, dass seine Freundin ihn betrogen hatte. Er war schon kurz davor, in einer Flut von Selbstmitleid, Hassgedanken und Trauer zu versinken. Seine Lösung: Nach einigen Tagen begann er, sich morgens und abends hinzusetzen und zu meditieren. Und zwar so: Er visualisierte seine Freundin, so gut und lebendig er konnte, und begleitete das Bild mit diesen und ähnlichen Gedanken: »Ich wünsche dir das Allerbeste auf deinem Weg. Mögest du dein Glück finden.« Wenig später, fast von einem Tag auf den anderen, so berichtete er uns, fielen alle negativen Gefühle und das Selbstmitleid von ihm ab. Als er seiner Exfreundin das nächste Mal zufällig begegnete, zeigte sich, dass seine Wandlung Bestand hatte.

⟶ Das Wort »Gefeuert werden« für jemanden aus seiner beruflichen Stellung entlassen ist längst schon nicht mehr »politisch korrekt«. Heute heißt es »freistellen«. Und da verbirgt sich tatsächlich der Gedanke, der aus einem oft von Ängsten, Panik und persönlicher Verletztheit begleiteten Ereignis den Beginn einer neuen und besseren Zeit machen kann. Sie können als Affirmation den Gedanken pflegen: »Ich danke für die Chance, mich neu zu orientieren und einen Neuanfang in jeder Richtung zu wagen. Ich weiß noch nicht, wozu es gut ist, aber dass es gut wird, darauf vertraue ich! Wer weiß, wozu es gut ist, aber dass es gut ist, weiß ich!«

Jemand formulierte es kürzlich so: »Und hieße mich jemand den größten Trottel auf Erden, wäre ich niemals in meiner Ehre verletzt. Es gäbe dann nämlich nur zwei Möglichkeiten: Er hat nicht recht, dann habe ich keinen Grund, mich aufzuregen. Oder er hat recht, dann muss ich ihm dankbar sein, weil ich einen Fehler gemacht habe und daraus lernen kann.«

Gandhi meint schließlich dazu: »Bist du im Recht, kannst du dir leisten, Ruhe zu bewahren. Bist du im Unrecht, kannst du dir nicht leisten, sie zu verlieren.«

Ein Wanderer fragte einen Schäfer: »Na, wie wird das Wetter heute?« Der Schäfer: »So wie ich es gerne habe.« »Woran erkennen Sie das? An der Wolkenform?« »Ich habe die Erfahrung gemacht,

mein Freund,
dass ich nicht immer bekommen kann, was ich gerne möchte. Also habe ich gelernt, immer zu mögen, was ich bekomme. Deshalb bin ich sicher: Das Wetter wird heute so sein, wie ich es gerne habe.«

Sie sollten nicht verzweifeln, wenn es Ihnen nicht sofort gelingt, alte Denk- und Reaktionsmuster abzulegen. Aber es ist machbar – **das** sollten Sie im Auge behalten. Die meisten unserer »Gefühle« sind keine Gefühle im Sinne von direkter Wahrnehmung oder Intuition, sondern direkte Folge beziehungsweise Begleiterscheinung eines »selbstgemachten« Gedanken oder einer Gedankenkette. Wir können lernen, für alte Denkgewohnheiten und zerstörerische Gedanken zuerst die Verantwortung zu übernehmen und sie dann zum Guten zu verändern.

»Verletzte Gefühle« sind ja in fast allen Fällen enttäuschte Erwartungen an eine bestimmte Situation. Und für die Erwartung ist man **selbst verantwortlich**.

Fast immer zeigt sich mit entsprechendem Abstand, dass ein kleines oder größeres Unglück, »Pech« in der Liebe,

Sand im Getriebe usw. zu etwas Gutem geführt hat, wenn man es nur zuließ. Dazu im letzten Teil dieser »Gebrauchsanweisung« ein paar Worte.

Affirmation und Meditation erinnern an ein Geburtsrecht jedes Menschen, nämlich die Freiheit der Gedanken. Und an die Freiheit und Chance, mit Gedanken alles zum Guten zu wenden.

Der **Gedanke** *hinter* *allem* **Denken**

Gott stirbt nicht an dem Tag,
an dem wir aufhören, an einen persönlichen
Gott zu glauben,
aber wir sterben, wenn unser Leben
nicht mehr von jenem beständigen,
täglich neuen Licht eines Wunders erleuchtet wird,
dessen Herkunft jenseits aller Vernunft liegt.

DAG HAMMARSKJÖLD

Wenn nun alles Menschengemachte am Anfang von einem einzigen Gedanken ausgegangen ist, welcher Gedanke hat dann uns Menschen als Träger und Ausführende von Gedanken geschaffen?

Dieser Frage nachzugehen und sich dazu der Kraft der Meditation zu bedienen lohnt sich. Sie ist eine der wichtigsten Fragen für jeden Einzelnen von uns – und es ist möglich, darauf eine gültige Antwort zu bekommen.

Denn jeder Mensch hat eine Seele, die nichts anderes ist als ein unzerstörbares Tor, das sich nach innen und nach außen öffnet. Die eine Richtung blickt nach außen, in die Welt, in die drei Dimensionen, in die wir hineingeboren werden. Sie blickt nach außen in die Natur, die Dinge, die Objekte der Welt, die Gedankenströme, die Gefühle. In die andere Richtung schauen wir, wenn wir nach innen blicken, in eine Wirklichkeit, die durch Intuition, Gefühle, Eingebungen zu uns spricht.

Vor langer Zeit hat man dem Nach-innen-Schauen einen Namen gegeben: **Religion**. Das Wort stammt vom lateinischen Wort »religare« ab, was so viel bedeutet wie »wieder verbinden« oder »zurückverbinden«. Wahre Religion ist somit die Kunst, etwas Getrenntes wieder zusammenzufügen zu der Ganzheit, die sein natürlicher Zustand wäre. Diese Kunst wird von keiner der heutigen Religionen mehr gelehrt. Mehr oder weniger schüren sie Ängste und Abhängigkeit, üben Zwang, erteilen Vorschriften. Es gibt leider nur sehr wenige Menschen, die tatsächlich um unser Seelenheil bemüht sind.

Wahre Spiritualität ist seit Anfang der Zeiten ein sehr vielfältiger und höchst individueller Weg, die Seele an ihre eigentliche Heimat zu erinnern und den Weg dorthin zu beschreiben und zu erleichtern. Dadurch kann sich der Mensch dem äußeren Weg zuwenden, für den er von Geburt an gedacht ist und der den Lebenssinn jedes Menschen ausmacht. Der Clou ist, am Ende des Weges steht immer auch die Erkenntnis, dass man vom göttlichen Ursprung nie wirklich getrennt war. Es war alles eine Illusion, ein Spiel!

Wahre Religion ist fast immer **nicht** mehr dort zu finden, wo Sie sie suchen würden. Und was ist der Sinn des Lebens, wie ihn wahre Religion lehrt? Es ist zu lieben und geliebt zu werden – sich selbst und seinen Nächsten –, niemals aufzuhören, neugierig zu sein und zu lernen, zu vervollkommnen, womit man in Berührung kommt, und sich an alledem zu freuen. Bis man die innere Einheit hinter der äußeren Vielfalt wiedergefunden hat. Wahre Religion ist leise, sie drängt nicht, missioniert nicht, überredet nicht, verführt nicht. Sie erzählt in Ruhe von sich selbst und freut sich über jede Antwort. Sie ist sich ihrer selbst vollkommen gewiss, weil sie echt, natürlich und schön ist und sich an das Echte, Natürliche und Schöne im Menschen richtet. Wahre Religion ist wie eine wunderbare Musik, die sich über Ohren freut, die hören können. Wie ein wunderbares Essen, das sich über Zungen freut, die wahrhaft genießen können. Wie ein wunderbarer Sonnenaufgang, der sich über Augen freut, die sehen können. Wie der zarteste Rosenduft, wie die sanfteste Berührung.

Blasphemie? Gotteslästerung? Wahre Religion kennt diese Begriffe nicht. Auch Häresie ist ihr unbekannt, denn sie würde eine andere Lehre niemals bekämpfen, sie kennt keine »Gotteskrieger«, keine »Heiden«, keine »Ungläubigen«. Echte Würde wird niemals durch Missachtung oder Schmähung beeinträchtigt.

Mit diesen Attributen der wahren Religion können Sie sie erkennen, wenn Sie ihr begegnen. Wie zu allen Zeiten gilt auch hier: An ihren Früchten sollt ihr sie erkennen.

Das Naturgesetz lautet:

Ein Mensch, der in einer Gemeinschaft von Menschen das Wir-Gefühl stärken hilft, das Gefühl für Miteinander, Harmonie und gegenseitige Unterstützung, der ist ein guter Mensch.

Ein Mensch, der in einer Gemeinschaft von Menschen das Wir-Gefühl stärken hilft, das Gefühl für Miteinander, Harmonie und gegenseitige Unterstützung, aber gleichzeitig die Überzeugung aller Mitglieder fördert, etwas »Besseres« zu sein als die Nicht-Mitglieder, der ist ein Gehirnwäscher, ein Feind der Menschen. Er besitzt keinerlei Glaubwürdigkeit. Dabei ist es gleichgültig, ob die »Gemeinschaft von Menschen « eine Familie ist oder eine Gemeinde, eine Stadt, ein Verein, eine Partei, eine Religion, ein Land, ein Staat.

Immer ist die wichtigste Stunde die gegenwärtige,
immer ist der wichtigste Mensch der,
der dir gerade gegenüber steht;
immer ist die wichtigste Tat die Liebe.

MEISTER ECKHART

Was also ist eine Affirmation?

Eine Affirmation ist ein Gedanke, der die Kraft hat,
Wege zum Guten zu erkennen und erfolgreich zu gehen.
Er kann Sie zu einem freien Menschen machen,
befreit vom Zwang, automatischen Reaktionen zu folgen,
befreit vom Zwang, die Gedanken anderer Menschen
auszuführen.
Er kann Sie verändern.
Und damit die ganze Welt.

Der **Mond** im Tierkreiszeichen **Widder**

WIDDER REGIERT:

die gesamte Kopfregion mit

Augen, Ohren, Nase und Zähnen

DIE GRUNDREGEL:

⟶ Steht der Mond im Tierkreiszeichen Widder, wirkt alles, was Sie für Kopf, Augen- und Nasenregion tun, doppelt wohltuend, vorbeugend und heilend. Mit Ausnahme von Operationen in diesem Bereich.

⟶ Alles, was Kopf, Augen und Nasenregion in den Widdertagen stärker belastet, wirkt schädlicher als an anderen Tagen - etwa das Entfernen von Weisheitszähnen.

DIE MEDITATIONSFARBE IST:

⟶ Indigoblau bis Bläulichweiß

SEINE TAGESFÄRBUNG IST:

⟶ Rot

SEINE KONTRAFARBE IST:

⟶ Blau

Meine Augen sehen jetzt klar!

Ich sehe ab sofort besser.

Ich schaue mit Zuversicht in die Zukunft.

WIDDER

Mit klaren Sinnen bewältige ich meinen Alltag.

*Ich kann sehen,
dass alles
besser wird!*

*Sehen und erkennen
ist heute
meine Aufgabe.*

WIDDER

Meine Sichtweise erweitert und verbessert sich von Tag zu Tag.

Ich habe den Mut,
der Gegenwart und
der Zukunft in
die Augen zu schauen.

Ich nehme mein
Gesicht an – meine Haare,
Augen, Ohren, Nase, Mund,
Falten –, ich akzeptiere
mich, wie ich bin!

Der **Mond** im Tierkreiszeichen **Stier**

STIER REGIERT:

die Halsregion mit Unterkiefer

DIE GRUNDREGEL:

→ Steht der Mond im Tierkreiszeichen Stier, wirkt alles, was Sie für den Kiefer- und Halsbereich, für Zähne, Mandeln und Ohren tun, doppelt wohltuend, vorbeugend und heilend. Mit Ausnahme von Operationen in diesem Bereich.

→ Alles, was die Halsregion in den Stiertagen stärker belastet, wirkt schädlicher als an anderen Tagen – etwa eine Mandeloperation oder Zugluft.

DIE MEDITATIONSFARBE IST:

→ ein kräftiges Blau

SEINE TAGESFÄRBUNG IST:

→ Blau

SEINE KONTRAFARBE IST:

→ Rot

STIER

Alle Starrheit in meinem Körper löst sich nach und nach auf.

Ich freue mich
über die Beweglichkeit
meiner Gedanken.

STIER
Ich vertraue darauf,
dass mir nur
aufgeladen wird,
was ich auch
tragen kann.

Ich habe jetzt meine Sprache wiedergefunden.

STIER

Ich wage es,
für mich selbst
zu sprechen.

Für mich selbst
und für andere –
ich schaffe
das Gleichgewicht.

STIER

Ich heiße Veränderung in meinem Leben willkommen.

Ich nehme meinen Hals an – ich akzeptiere mich, wie ich bin!

Der **Mond** im Tierkreiszeichen **Zwillinge**

ZWILLINGE REGIERT:

Schultern, Arme und Hände

DIE GRUNDREGEL:

→ Steht der Mond im Tierkreiszeichen Zwillinge, wirkt alles, was Sie für die Schultern, Arme und Hände tun, doppelt wohltuend, vorbeugend und heilend. Mit Ausnahme von Operationen in diesem Bereich.

→ Alles, was Schultern, Arme und Hände in den Zwillingetagen stärker belastet, wirkt schädlicher als an anderen Tagen. Etwa eine Operation am Schultergelenk.

DIE MEDITATIONSFARBE IST:

→ ein helleres Blau

SEINE TAGESFÄRBUNG IST:

→ Gelb

ZWILLINGE

Es gibt keine Herausforderung, die ich nicht schultern kann.

Ich gehe mit
offenen Armen
auf die Welt zu.

ZWILLINGE

*Ich habe den Mut
zu geben
und den Mut
zu nehmen.*

*Was mir gehört,
muss ich nicht festhalten.
Was mir nicht gehört,
kann ich nicht festhalten,
und ich lasse es
gerne los.*

ZWILLINGE

Ich stehe aufrecht im Leben.

Neue Erfahrungen begrüße ich mit offenen Armen.

Ich nehme
meine Schultern,
meine Arme,
meine Hände an –
ich akzeptiere mich,
wie ich bin!

Der **Mond** im Tierkreiszeichen **Krebs**

KREBS REGIERT:

Brustregion, Lunge, Leber und Galle

DIE GRUNDREGEL:

→ Steht der Mond im Tierkreiszeichen Krebs, wirkt alles, was Sie für Brust, Lunge, Magen, Leber und Galle tun, doppelt wohltuend, vorbeugend und heilend. Mit Ausnahme von Operationen an diesen Organen.

→ Alles, was Brust, Lunge, Magen, Leber und Galle in den Krebstagen stärker belastet, wirkt schädlicher als an anderen Tagen – etwa ein schweres Essen am Abend oder eine Brustoperation.

DIE MEDITATIONSFARBE IST:

→ Grün

SEINE TAGESFÄRBUNG IST:

→ Grün

SEINE KONTRAFARBE IST:

→ Weiß

KREBS
Was meine Brust
eingeschnürt hat,
lasse ich los.

*Ich atme befreit,
meine Lunge dehnt sich
ins Unendliche.*

*Das Leben ist voll,
reich und bunt.*

KREBS

*Ich vertraue dem,
was das Universum
für mich bereithält.*

Das Leben ist süß.

Lebensfreude ist mein Geburtsrecht.

KREBS

Ich vertraue
meinen Gefühlen,
ich vertraue
meiner Intuition.

Ich nehme meinen
Atem an und
was mich atmen lässt –
ich akzeptiere mich,
wie ich bin!

Der **Mond** im Tierkreiszeichen **Löwe**

LÖWE REGIERT:

Herzregion und Kreislauf

DIE GRUNDREGEL:

→ Steht der Mond im Tierkreiszeichen Löwe, wirkt alles, was Sie für Herz und Kreislauf tun, doppelt wohltuend, vorbeugend und heilend. Mit Ausnahme von Operationen.

→ Alles, was Herz und Kreislauf in den Löwetagen stärker belastet, wirkt schädlicher als an anderen Tagen – etwa eine Herzoperation.

DIE MEDITATIONSFARBE IST:

→ Grün

SEINE TAGESFÄRBUNG IST:

→ Rot

SEINE KONTRAFARBE IST:

→ Blau

Was ich säe,
das ernte ich.
Deshalb säe ich
nur Gutes.

*Ich wage es
zu lieben –
ich verdiene es,
geliebt zu werden.*

*Das Auf und Ab
des Lebens –
ich nehme es an.*

Mein Herz
ist eine Quelle
von Licht.

LÖWE

Mein Herz ist
ein Tor zur Liebe.

Ich nehme mein
Herz an –
ich akzeptiere
mich, wie ich bin!

Der **Mond** im Tierkreiszeichen **Jungfrau**

JUNGFRAU REGIERT:

die Verdauungsorgane, Milz

und Bauchspeicheldrüse

DIE GRUNDREGEL:

⟶ Steht der Mond im Tierkreiszeichen Jungfrau, wirkt alles, was Sie für die Verdauung, für Milz und Bauchspeicheldrüse tun, doppelt wohltuend, vorbeugend und heilend. Mit Ausnahme von Operationen in diesem Bereich.

⟶ Alles, was die Verdauungsorgane in den Jungfrautagen stärker belastet, wirkt schädlicher als an anderen Tagen – etwa jede Form von Zuviel in der Ernährung oder Eingriffe im Magen-Darm-Bereich.

DIE MEDITATIONSFARBE IST:

⟶ Gelb

SEINE TAGESFÄRBUNG IST:

⟶ Blau

SEINE KONTRAFARBE IST:

⟶ Rot

Ich verdaue meine Erfahrungen gründlich und lerne daraus.

Was mich belastet, lasse ich hinter mir.

Ich reise durchs
Leben mit
leichtem Gepäck.

JUNGFRAU

*Ich nehme auf,
verwandle in Gutes
und lasse
Vergangenes gehen,
ohne Bedauern.*

Ich lebe ohne Angst.

Ich verzeihe meiner Vergangenheit, ich freue mich auf die Zukunft.

JUNGFRAU

Ich bin
mir gut genug.

*Leicht und ohne Angst
löse ich mich von
allem, was meine
Reise behindert.*

*Ich nehme meine
Bauchregion an –
ich akzeptiere mich,
wie ich bin!*

Der *Mond* im Tierkreiszeichen *Waage*

WAAGE REGIERT:

Hüfte, Nieren und Blase

DIE GRUNDREGEL:

⟶ Steht der Mond im Tierkreiszeichen Waage, wirkt alles, was Sie für die Hüfte sowie für Nieren und Blase tun, doppelt wohltuend, vorbeugend und heilend. Mit Ausnahme von Operationen in diesem Bereich.

⟶ Alles, was Hüfte, Nieren und Blase in den Waagetagen stärker belastet, wirkt schädlicher als an anderen Tagen – etwa eine Hüftoperation.

DIE MEDITATIONSFARBE IST:

⟶ Orange

SEINE TAGESFÄRBUNG IST:

⟶ Gelb

WAAGE
Auf und ab
wogt das Leben,
hin und her
das Geschick.

Aber nichts
bringt mich
aus dem
Gleichgewicht.

WAAGE

Welches Wesen
auch immer
die Erfahrung hat –
ich verwandle
sie in Gutes.

Bei null anzufangen
ist der beste Weg,
lebendig und
jung zu bleiben.

Meistere ich
eine Sache,
werde ich Lehrling
in einer anderen.

Ich verwandle
Fehler
in Chancen.

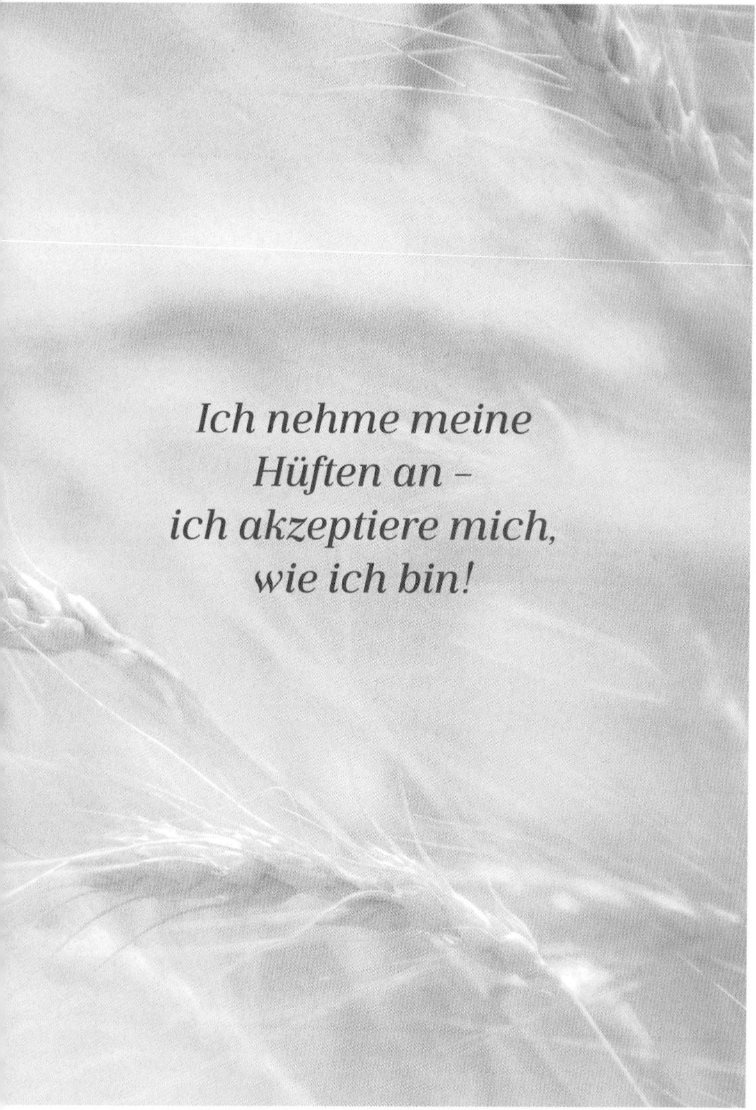

Ich nehme meine
Hüften an –
ich akzeptiere mich,
wie ich bin!

Der **Mond** im Tierkreiszeichen **Skorpion**

SKORPION REGIERT:

die Geschlechtsorgane, Harnleiter

DIE GRUNDREGEL:

→ Steht der Mond im Tierkreiszeichen Skorpion, wirkt alles, was Sie für den Bereich der Geschlechtsorgane tun, doppelt wohltuend, vorbeugend und heilend. Mit Ausnahme von Operationen in diesem Bereich.

→ Alles, was Geschlechtsorgane und Harnleiter in den Skorpiontagen stärker belastet, wirkt schädlicher als an anderen Tagen – etwa Unterleibsoperationen oder das Sitzen auf kalten Unterlagen, auf Steinen etc.

DIE MEDITATIONSFARBE IST:

→ Rot

SEINE TAGESFÄRBUNG IST:

→ Grün

SEINE KONTRAFARBE IST:

→ Weiß

SKORPION

*Ich bin,
der ich bin,
und es ist
gut so.*

Heute erschaffe
ich etwas Gutes.

SKORPION

Ich fühle mich wohl in meiner Haut.

Ich freue
mich an
meinem Körper.

SKORPION
Ich beschütze
die Natur, und
die Natur
beschützt mich.

Ich nehme meine Genitalien an – ich akzeptiere mich, wie ich bin!

Der **Mond** im Tierkreiszeichen **Schütze**

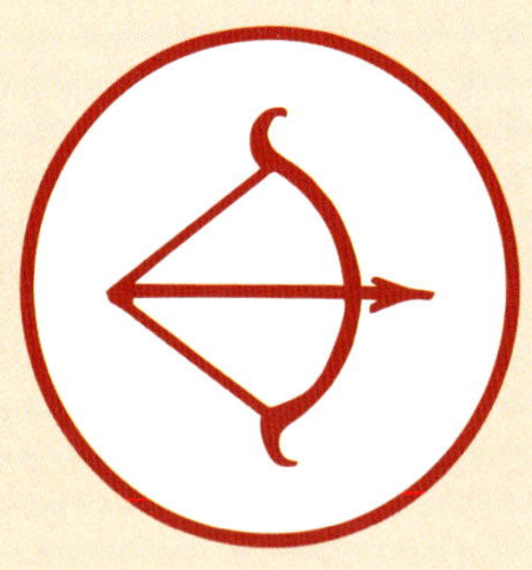

SCHÜTZE REGIERT:

die Oberschenkel

DIE GRUNDREGEL:

→ Steht der Mond im Tierkreiszeichen Schütze, wirkt alles, was Sie für die Oberschenkel tun, doppelt wohltuend, vorbeugend und heilend. Mit Ausnahme von Operationen in diesem Bereich.

→ Alles, was die Oberschenkel in den Schützetagen besonders belastet, wirkt schädlicher als an anderen Tagen – etwa eine anstrengende Bergtour.

DIE MEDITATIONSFARBE IST:

→ obere Hälfte des Oberschenkels: Orange

→ untere Hälfte: Gelb

SEINE TAGESFÄRBUNG IST:

→ Rot

SEINE KONTRAFARBE IST:

→ Blau

Ich wage es,
meinen Zielen und
Träumen zu folgen,
und gehe mit festem
Schritt darauf zu.

Ich kann jetzt
unterscheiden,
ob ich tapfer,
standhaft oder
unbelehrbar stur bin.
Mit federndem Schritt
lasse ich die
Vergangenheit
hinter mir.

SCHÜTZE

*Was auch immer
in meiner Familie
in der Vergangenheit
geschehen ist –
ich lasse es los
und fange neu an.*

Wer sich
auf mich verlässt,
ist nie verlassen.

Ich denke Ja –
ich handle Ja.
Ich denke Nein –
ich handle Nein.

Ich nehme meine
Oberschenkel an –
ich akzeptiere mich,
wie ich bin!

Der **Mond** im Tierkreiszeichen **Steinbock**

STEINBOCK REGIERT:

Knie, Haut und Knochen, Wirbelsäule

DIE GRUNDREGEL:

→ Steht der Mond im Tierkreiszeichen Steinbock, wirkt alles, was Sie für die Knie, für die Haut und das Knochengerüst tun, doppelt wohltuend, vorbeugend und heilend. Mit Ausnahme von Operationen in diesem Bereich.

→ Alles, was Knochengerüst, Knie und Haut in den Steinbocktagen stärker belastet, wirkt schädlicher als an anderen Tagen – etwa ein Sonnenbrand oder eine Knieoperation.

DIE MEDITATIONSFARBE IST:

→ Grün

SEINE TAGESFÄRBUNG IST:

→ Blau

SEINE KONTRAFARBE IST:

→ Rot

*Ich bin bereit,
das Unrecht der
Vergangenheit zu
vergeben.*

*Ich trage mit Freude
die Verantwortung
für mich selbst.*

Ich beuge mich niemandem – aufrecht gehe ich meinen Weg.

Mit dem Strom,
gegen den Strom –
ich vertraue dem
Fluss des Lebens.

STEINBOCK

Ich tue recht,
und ich
scheue niemand.

Ich bin meine
eigene Autorität.

STEINBOCK
Ich nehme
meine Knie an –
ich akzeptiere mich,
wie ich bin!

*Politik, Religion,
Zeitgeist –
ich bin unabhängig
und gehe meinen
eigenen Weg.*

Der **Mond** im Tierkreiszeichen **Wassermann**

WASSERMANN REGIERT:

die Unterschenkel

DIE GRUNDREGEL:

→ Steht der Mond im Tierkreiszeichen Wassermann, wirkt alles, was Sie für die Unterschenkel tun, doppelt wohltuend, vorbeugend und heilend. Mit Ausnahme von Operationen in diesem Bereich.

→ Alles, was die Unterschenkel in den Wassermanntagen stärker belastet, wirkt schädlicher als an anderen Tagen – etwa langes Stehen oder Operationen an Krampfadern.

DIE MEDITATIONSFARBE IST:

→ Hellblau

→ an den Knöcheln: kräftigeres Blau

SEINE TAGESFÄRBUNG IST:

→ Gelb

*Ich nehme
die Einladung
an, mich
zu entwickeln.*

*Gegenwind
steigert die
Vorfreude auf den
Rückenwind.*

WASSERMANN

Das Auf und Ab
des Lebens –
ich nehme es an.

Die Stürme
des Lebens können
mich nicht
umwerfen.

*Ich lerne aus
dem Wellental
meines Schicksals
und kann
mich ändern.*

Ich nehme meine
Unterschenkel an –
ich akzeptiere mich,
wie ich bin!

Der **Mond** im Tierkreiszeichen **Fische**

FISCHE REGIERT:

die Füße

DIE GRUNDREGEL:

⟶ Steht der Mond im Tierkreiszeichen Fische, wirkt alles, was Sie für die Füße tun, doppelt wohltuend, vorbeugend und heilend, besonders eine Fußreflexzonenmassage. Mit Ausnahme von Operationen in diesem Bereich.

⟶ Alles, was die Füße in den Fischetagen stärker belastet, wirkt schädlicher als an anderen Tagen – etwa zu enge Schuhe oder Eingriffe an den Füßen.

DIE MEDITATIONSFARBE IST:

⟶ ein helleres Blau

SEINE TAGESFÄRBUNG IST:

⟶ Grün

SEINE KONTRAFARBE IST:

⟶ Weiß

FISCHE

Ich fühle Schmerz,
ich fühle Freude –
ich habe keine Angst.

Ich trage nichts nach.

FISCHE

Ich fliehe nicht, Davonlaufen ist keine Alternative.

Ich stehe fest
im Leben –
ich gehe leichtfüßig.

FISCHE

Ich stelle mich meiner Verantwortung.

*Ich nehme
meine Füße an –
ich akzeptiere mich,
wie ich bin!*

PAUNGGER & POPPE SEIT 1991
BÜCHER, KALENDER UND VIELES MEHR …

Mit unseren Büchern versuchen wir, das alte Wissen um den »richtigen Zeitpunkt« in Harmonie mit Mond- und Naturrhythmen lebendig zu halten. Mit unseren Kalendern können Sie ganz neu einsteigen und umdenken, ohne jede Vorkenntnisse, was den Mondeinfluss betrifft.

Umweltschutz, Heilkunde, naturgemäßer Hausbau, giftfreier Betrieb von Gartenbau und Landwirtschaft und viele weitere Tätigkeitsfelder waren früher ohne das Wissen um die Mond- und Naturrhythmen gar nicht denkbar. Versuchen Sie es einfach und lassen Sie sich vom Ergebnis überzeugen.

→ **Moon Power.** Alles Wichtige zum Thema Einfluss von Mond und Naturrhythmen, aufbauend auf den Erfahrungen der letzten 30 Jahre im Gespräch mit vielen LeserInnen in aller Welt.

→ **Das Tiroler Zahlenrad.** Von der Kindererziehung bis zur Berufswahl auf Basis tatsächlich vorhandener, aber vielleicht noch versteckter Talente – bei alledem kann das hier verborgene Wissen eine große Hilfe sein.

→ **Lebenschance Tiroler Zahlenrad.** Erweitert das Spektrum der Anwendungsmöglichkeiten des Zahlenrads um einen großen Schritt. Das Zahlenrad als Schlüssel zur Zufriedenheit der Seele – in allen Altersstufen und Lebenslagen!

→ **Der lebendige Garten** – Gärtnern zum richtigen Zeitpunkt in Harmonie mit Mond- und Naturrhythmen. Wir zeigen, worauf es beim Gärtnern wirklich ankommt, nämlich auf die Kunst des richtigen Zeitpunkts und die Harmonie zwischen Mensch und Natur.

⟶ **Aus eigener Kraft.** Das Werk befasst sich ausführlich mit dem Zusammenhang zwischen Mondphasen und Mondstand im Tierkreis und der Wirkung vorbeugender und heilender Maßnahmen für Körper, Geist und Seele.

⟶ **Bauen mit dem Mond.** Das Buch kommt den LeserInnen mit jahrtausendealtem Wissen zu Hilfe, um Chemiegifte und Konservierungsmittel entbehrlich zu machen und Krankheiten den Boden zu entziehen.

⟶ **Vom richtigen Zeitpunkt.** Unser Klassiker, mit dem alles anfing, neu bearbeitet und um 30 Seiten erweitert!

⟶ **Fit zum richtigen Zeitpunkt – Die Mondgymnastik.** »Ich bin jetzt schon 81, aber seit ich die Mondgymnastik mache, musste ich nicht mehr zum Arzt.« Ein Zitat aus einem der vielen Briefe, die uns erreicht haben. Das Geheimnis dieser Gymnastik liegt im richtigen Zeitpunkt. Das Buch weist einen einfachen und direkten Weg zur körperlichen Aufwärtsspirale.

⟶ **Alpha-Omega-Formel.** Ernährung ganz persönlich! Die Alpha-Omega-Formel enthält wesentliche Bausteine für eine ganz persönliche Ernährungsweise. Mit den vielen spannenden Rezepten lässt sie sich ganz einfach in den Alltag integrieren. Sie macht nicht nur schlank und fit, sondern ist auch gute Medizin, ein wahres Lebenselixier!

⟶ **Espresso mit dem Teufel.** Ein Weckruf für die Seele. Thomas Poppe packt in diesem außergewöhnlich tiefgründigen und dabei stets greifbaren und amüsant-provokanten Dialog die großen Themen an, die uns Menschen zutiefst bewegen, ob es uns bewusst ist oder nicht. Er zeigt, wie ein nachhaltiges, spirituell erfülltes Leben im Einklang mit sich selbst, seinen Mitmenschen und der Natur gelingen kann.

Ein rundes Mondkalender-Programm

Unsere Bücher begleiten wir seit Jahren mit einem vielfältigen Mondkalenderprogramm:

⟶ **Das Mondjahr – Zeit für mich!** Im Einklang mit dem Mond leben heißt, im Einklang mit sich selbst leben – ausgeglichen, vital und von natürlicher Schönheit. In diesem Kalender teilt Johanna Paungger ihren immensen Wissensschatz rund um Schönheitspflege, Ernährung, Gesundheit und Fitness zum richtigen Zeitpunkt. Ein wertvoller Begleiter für jede Frau, im praktischen Handtaschenformat von 11,5 x 16 cm.

⟶ **Der Garten-Spiralkalender.** Der richtige Zeitpunkt kann Ihren Gartenin ein Paradies verwandeln, wenn Sie ihn kennenlernen und beherzigen. Fürs Kennenlernen sind wir da, das Beherzigen ist Ihr persönliches Abenteuer. Auch als Abreißkalender (11 x 15 cm) für jeden Tag und als praktischer Streifenkalender (12 x 60 cm) für die Wand, mit wunderbaren Garten- und Naturfotos!

⟶ **Der Original Paungger & Poppe Abreißkalender.** Mit vielen Mini-Geschichten, die das Wirken der Mondrhythmen leicht verständlich nahebringen. Format 13 x 11,5 cm.

⟶ **Das bewährte Mondjahr** als Taschenkalender in Schwarz-Weiß und in Farbe. 160 Seiten im Format 14,5 x 10,5 cm. Das ideale Büchlein auch für Neueinsteiger. Mit Symbolen und Texten für eine Vielzahl von Tätigkeiten und einer Serie von Mini-Kalendern!

⟶ **Der Foto-Wandkalender.** Zwölf wunderschöne Landschaftsfotos mit Mond verwandeln diesen Monatskalender in eine Zierde für Heim und Büro. Enthält sämtliche Symbole und Texte, die auch im Taschenkalender zu finden sind. Viel Mondwissen auf einen Blick im Format 28 x 32 cm.

⟶ **Der Spiral-Wandkalender.** Ein ganzer Monat auf einen Blick, mit farbigen Tätigkeitssymbolen und viel Platz für Notizen und obendrein noch ein schönes Mondfoto – das unentbehrliche Werkzeug im Jumbo-Format, mit den Maßen 33 x 48,5 cm. Besonderes Extra im Deckblatt: Der Mond-Plakatkalender, das ganze Jahr auf einen Blick!

⟶ **Das Mondjahr als Wochenplaner** für den Schreibtisch zum Aufstellen im Format 32 x 11 cm.

⟶ **Das Mondjahr als Familienkalender.** Das bewährte Mondjahr im beliebten Familienkalender-Format. Ein unentbehrlicher Begleiter durch den Termindschungel Ihrer Familie!

⟶ **Das Mond-Jahrbuch.** Der Abreißkalender als handliches Taschenbuch! Die bunte Vielfalt von Tipps, Merksprüchen usw. zum Nachschlagen und Sammeln!

⟶ **Der Streifenkalender.** Extra-schmal und doch alles drin: 12 Monatsseiten mit allen Symbolen und mondrelevanten Informationen, Format 12 x 60 cm. Mit Mondfotos von Gerhard Eisenschink.

⟶ **Die Jahresübersichten 2022-2032.** 11 Jahre Mondkalender im DIN-A5-Format in einer praktischen Mappe.

PAUNGGER-POPPE-SERVICE

www.paungger-poppe.com – so lautet unsere Adresse im Internet. Hier finden Sie Infos zu allen möglichen Dingen, Leseproben, Vortragstermine, können auch unsere Bücher, Kalender und Produkte direkt bestellen und Gesundheitswochen-Infos direkt herunterladen. **Melden Sie sich dort für unseren Newsletter an!** (Die Homepage ist auch komplett in Englisch online.)

Mit unserem Mondversand immer auf der Höhe!

Wenn Sie sich generell für unsere Arbeit, für Kalender, Bücher, Mondkosmetik und gute Sachen rund um den richtigen Zeitpunkt interessieren und stets auf dem Laufenden bleiben wollen, schauen Sie einfach öfter bei uns vorbei.

Mondversand Paungger Poppe
Postfach 3
A-5230 Mattighofen
Fax: +43 732 210 100 159

PAUNGGER & POPPE®
Das Echte hat Zukunft

E-Mail: paungger.poppe@aon.at
Autoren-Website: www.paungger-poppe.com
Mondversand: www.mondversand.com

DER ALPHA-OMEGA-ERNÄHRUNGSTYP

Ernährung in Harmonie mit dem eigenen Ernährungstyp ist von entscheidender Bedeutung für die Gesundheit. Wir laden in unserem Buch *Alpha-Omega-Formel* zu diesem kleinen Abenteuer ein – Abnehmen ohne Diätstress und Jo-Jo-Effekt! Auf unserer Website www.paungger-poppe.com ermitteln wir für Sie den persönlichen Ernährungstyp anhand eines Fragebogens (Menüpunkt »Service«). Nach einigen Tagen erhalten Sie Ihre Auswertung und eine genaue Beschreibung des ermittelten Ernährungstyps zum Preis von 18,- € (E-Mail).

IHR PERSÖNLICHER BIORHYTHMUS

Wie wertvoll die Kenntnis der persönlichen Biorhythmen ist, haben wir besonders ausführlich in unserem Buch *Aus eigener Kraft* dargestellt, ebenso wie Sie ihn selbst ausrechnen können. Die Kästchen auf den rechten Seiten mancher unserer Kalender sind für seine Eintragung von Hand vorgesehen (K = körperlich, S = seelisch, G = geistig). Beispielsweise so:

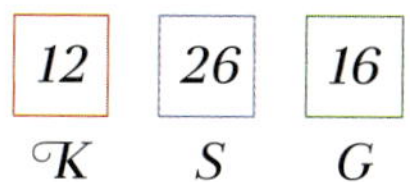

Unser Angebot für Sie: Wir senden Ihnen auf Anfrage an vrz@aon.at eine genaue Anleitung zu, wie Sie Ihren persönlichen Biorhythmus selbst ausrechnen können.

www.penguinrandomhouse.de/meditieren

Januar	Februar	März
S 1 Neujahr	D 1 ● 06.45	D 1 Faschingsdienstag
S 2 ● 19.33 Berchtoldstag	M 2	M 2 ● 18.34 Aschermittwoc
M 3 1	D 3	D 3
D 4	F 4	F 4
M 5	S 5	S 5
D 6 Hl. Drei Könige	S 6	S 6
F 7	M 7 6	M 7 1
S 8	D 8 ☽	D 8
S 9 ☽	M 9	M 9
M 10 2	D 10	D 10 ☽
D 11	F 11	F 11
M 12	S 12	S 12
D 13	S 13	S 13
F 14	M 14 Valentinstag 7	M 14 1
S 15	D 15	D 15
S 16	M 16 ○ 17.56	M 16
M 17 3	D 17	D 17
D 18 ○ 00.47	F 18	F 18 ○ 08.18
M 19	S 19	S 19
D 20	S 20	S 20
F 21	M 21 8	M 21
S 22	D 22	D 22
S 23	M 23 ☾	M 23
M 24 4	D 24	D 24
D 25 ☾	F 25	F 25 ☾
M 26	S 26	S 26
D 27	S 27	S 27
F 28	M 28 Rosenmontag 9	M 28
S 29		D 29
S 30		M 30
M 31 5		D 31

Sommerzeiten nicht berücksichtigt

Mondkalender

2022

April			KW	Mai			KW	Juni			KW
1	Widder	● 07.24		S 1	Stier	Maifeiertag		M 1	Zwillinge		
2	Widder			M 2	Stier		18	D 2	Krebs		
3	Stier			D 3	Zwillinge			F 3	Krebs		
4	Stier		14	M 4	Zwillinge			S 4	Löwe		
5	Stier			D 5	Zwillinge			S 5	Löwe	Pfingstsonntag	
6	Zwillinge			F 6	Krebs			M 6	Löwe	Pfingstmontag	23
7	Zwillinge			S 7	Krebs			D 7	Jungfrau	☽	
8	Krebs			S 8	Löwe	Muttertag		M 8	Jungfrau		
9	Krebs	☽		M 9	Löwe	☽	19	D 9	Waage		
10	Krebs			D 10	Jungfrau			F 10	Waage		
11	Löwe		15	M 11	Jungfrau			S 11	Skorpion		
12	Löwe			D 12	Jungfrau			S 12	Skorpion		
13	Jungfrau			F 13	Waage			M 13	Schütze		24
14	Jungfrau	Gründonnerstag		S 14	Waage			D 14	Schütze	○ 12.50	
15	Waage	Karfreitag		S 15	Skorpion			M 15	Steinbock		
16	Waage	○ 19.55		M 16	Skorpion	○ 05.12	20	D 16	Steinbock	Fronleichnam	
17	Waage	Ostersonntag		D 17	Schütze			F 17	Wassermann		
18	Skorpion	Ostermontag	16	M 18	Schütze			S 18	Wassermann		
19	Skorpion			D 19	Steinbock			S 19	Wassermann		
20	Schütze			F 20	Steinbock			M 20	Fische		25
21	Schütze			S 21	Wassermann			D 21	Fische	☾	
22	Steinbock			S 22	Wassermann	☾		M 22	Widder		
23	Steinbock	☾ Welttag des Buches		M 23	Fische		21	D 23	Widder		
24	Wassermann			D 24	Fische			F 24	Stier		
25	Wassermann		17	M 25	Widder			S 25	Stier		
26	Fische			D 26	Widder	Christi Himmelfahrt		S 26	Stier		
27	Fische			F 27	Widder			M 27	Zwillinge		26
28	Widder			S 28	Stier			D 28	Zwillinge		
29	Widder			S 29	Stier			M 29	Krebs	● 03.51	
30	Widder	● 21.27		M 30	Zwillinge	● 12.29	22	D 30	Krebs		
				D 31	Zwillinge						

Widder
Stier
Zwillinge
Krebs
Löwe
Jungfrau
Waage
Skorpion
Schütze
Steinbock
Wassermann
Fische

☽ zunehmender Mond
○ Vollmond
☾ abnehmender Mond
● Neumond

Goldmann Verlag, München, in der Verlagsgruppe Random House GmbH.
Zu dem Buch »Aus eigener Kraft« von J. Paungger und T. Poppe

www.penguinrandomhouse.de/meditieren

Die aktuellen Jahresübersichten finden Sie hier.

Juli	August	September
F 1	M 1 Schweizer Nationalfeiertag 31	D 1
S 2	D 2	F 2
S 3	M 3	S 3 ☽
M 4 27	D 4	S 4
D 5	F 5 ☽	M 5
M 6	S 6	D 6
D 7 ☽	S 7	M 7
F 8	M 8 32	D 8
S 9	D 9	F 9
S 10	M 10	S 10 ○ 10.58
M 11 28	D 11	S 11
D 12	F 12 ○ 02.36	M 12
M 13 ○ 19.37	S 13	D 13
D 14	S 14	M 14
F 15	M 15 Mariä Himmelfahrt 33	D 15
S 16	D 16	F 16
S 17	M 17	S 17 ☾
M 18 29	D 18	S 18
D 19	F 19 ☾	M 19
M 20 ☾	S 20	D 20
D 21	S 21	M 21
F 22	M 22 34	D 22
S 23	D 23	F 23
S 24	M 24	S 24
M 25 30	D 25	S 25 ● 22.54
D 26	F 26	M 26
M 27	S 27 ● 09.16	D 27
D 28 ● 18.54	S 28	M 28
F 29	M 29 35	D 29
S 30	D 30	F 30
S 31	M 31	

Sommerzeiten nicht berücksichtigt

Mondkalender

2022

Oktober

Tag	Datum	Zeichen	Mond / Feiertag	KW
S	1	Schütze		
S	2	Schütze		
M	3	Steinbock	☽ Tag der Dt. Einheit	40
D	4	Steinbock		
M	5	Wassermann		
D	6	Wassermann		
F	7	Fische		
S	8	Fische		
S	9	Widder	○ 21.53	
M	10	Widder		41
D	11	Stier		
M	12	Stier		
D	13	Stier		
F	14	Zwillinge		
S	15	Zwillinge		
S	16	Krebs		
M	17	Krebs	☾	42
D	18	Krebs		
M	19	Löwe		
D	20	Löwe		
F	21	Jungfrau		
S	22	Jungfrau		
S	23	Jungfrau		
M	24	Waage		43
D	25	Waage	● 11.48	
M	26	Skorpion	Österr. Nationalfeiertag	
D	27	Skorpion		
F	28	Schütze		
S	29	Schütze		
S	30	Steinbock		
M	31	Steinbock	Reformationstag	44

November

Tag	Datum	Zeichen	Mond / Feiertag	KW
D	1	Wassermann	☽ Allerheiligen	
M	2	Wassermann		
D	3	Fische		
F	4	Fische		
S	5	Fische		
S	6	Widder		
M	7	Widder		45
D	8	Stier	○ 12.01	
M	9	Stier		
D	10	Zwillinge		
F	11	Zwillinge		
S	12	Zwillinge		
S	13	Krebs		
M	14	Krebs		46
D	15	Löwe		
M	16	Löwe	☾ Buß- und Bettag	
D	17	Löwe		
F	18	Jungfrau		
S	19	Jungfrau		
S	20	Waage		
M	21	Waage		47
D	22	Skorpion		
M	23	Skorpion	● 23.56	
D	24	Schütze		
F	25	Schütze		
S	26	Steinbock		
S	27	Steinbock	1. Advent	
M	28	Wassermann		48
D	29	Wassermann		
M	30	Wassermann	☽	

Dezember

Tag	Datum	Zeichen	Mond / Feiertag	KW
D	1	Fische		
F	2	Fische		
S	3	Widder		
S	4	Widder	2. Advent/Barbaratag	
M	5	Stier		49
D	6	Stier		
M	7	Zwillinge		
D	8	Zwillinge	○ 05.08 Mariä Empfängnis	
F	9	Zwillinge		
S	10	Krebs		
S	11	Krebs	3. Advent	
M	12	Löwe		50
D	13	Löwe		
M	14	Löwe		
D	15	Jungfrau		
F	16	Jungfrau	☾	
S	17	Waage		
S	18	Waage	4. Advent	
M	19	Waage		51
D	20	Skorpion		
M	21	Skorpion		
D	22	Schütze		
F	23	Schütze	● 11.16	
S	24	Steinbock	Heiliger Abend	
S	25	Steinbock	1. Weihnachtsfeiertag	
M	26	Wassermann	2. Weihnachtsfeiertag	52
D	27	Wassermann		
M	28	Fische		
D	29	Fische		
F	30	Widder	☽	
S	31	Widder	Silvester	

Widder
Stier
Zwillinge
Krebs
Löwe
Jungfrau
Waage
Skorpion
Schütze
Steinbock
Wassermann
Fische

☽ zunehmender Mond
○ Vollmond
☾ abnehmender Mond
● Neumond

www.penguinrandomhouse.de/meditieren

Die aktuellen Jahresübersichten finden Sie hier.

Januar		Februar		März	
S 1 Neujahr		M 1		M 1	
M 2	1	D 2		D 2	
D 3		F 3		F 3	
M 4		S 4		S 4	
D 5		S 5 ○ 19.27		S 5	
F 6		M 6	6	M 6	1
S 7 ○ 00.08		D 7		D 7 ○ 13.38	
S 8		M 8		M 8	
M 9	2	D 9		D 9	
D 10		F 10		F 10	
M 11		S 11		S 11	
D 12		S 12		S 12	
F 13		M 13 ☾	7	M 13	1
S 14		D 14		D 14	
S 15 ☾		M 15		M 15 ☾	
M 16	3	D 16		D 16	
D 17		F 17		F 17	
M 18		S 18		S 18	
D 19		S 19		S 19	
F 20		M 20 ● 08.05	8	M 20	1
S 21 ● 21.52		D 21		D 21 ● 18.22	
S 22		M 22		M 22	
M 23	4	D 23		D 23	
D 24		F 24		F 24	
M 25		S 25		S 25	
D 26		S 26		S 26	
F 27		M 27 ☽	9	M 27	1
S 28 ☽		D 28		D 28	
S 29				M 29 ☽	
M 30	5			D 30	
D 31				F 31	

Sommerzeiten nicht berücksichtigt

Mondkalender

2023

April				
S	1	Löwe		
S	2	Löwe		
M	3	Jungfrau		14
D	4	Jungfrau		
M	5	Waage		
D	6	Waage	○ 05.34	
F	7	Waage	Karfreitag	
S	8	Skorpion		
S	9	Skorpion		
M	10	Schütze	Ostermontag	15
D	11	Schütze		
M	12	Steinbock		
D	13	Steinbock	☾	
F	14	Wassermann		
S	15	Wassermann		
S	16	Fische		
M	17	Fische		16
D	18	Fische		
M	19	Widder		
D	20	Widder	● 05.11	
F	21	Stier		
S	22	Stier		
S	23	Zwillinge		
M	24	Zwillinge		17
D	25	Krebs		
M	26	Krebs		
D	27	Krebs	☽	
F	28	Löwe		
S	29	Löwe		
S	30	Jungfrau		

Mai				
M	1	Jungfrau	Maifeiertag	18
D	2	Jungfrau		
M	3	Waage		
D	4	Waage		
F	5	Skorpion	○ 18.34	
S	6	Skorpion		
S	7	Schütze		
M	8	Schütze		19
D	9	Schütze		
M	10	Steinbock		
D	11	Steinbock		
F	12	Wassermann	☾	
S	13	Wassermann		
S	14	Fische		
M	15	Fische		20
D	16	Widder		
M	17	Widder		
D	18	Stier		
F	19	Stier	● 16.52	
S	20	Zwillinge		
S	21	Zwillinge		
M	22	Zwillinge		21
D	23	Krebs		
M	24	Krebs		
D	25	Löwe		
F	26	Löwe		
S	27	Löwe	☽	
S	28	Jungfrau		
M	29	Jungfrau	Pfingstmontag	22
D	30	Waage		
M	31	Waage		

Juni				
D	1	Waage		
F	2	Skorpion		
S	3	Skorpion		
S	4	Schütze	○ 04.41	
M	5	Schütze		23
D	6	Steinbock		
M	7	Steinbock		
D	8	Wassermann		
F	9	Wassermann		
S	10	Fische	☾	
S	11	Fische		
M	12	Widder		24
D	13	Widder		
M	14	Stier		
D	15	Stier		
F	16	Stier		
S	17	Zwillinge		
S	18	Zwillinge	● 05.36	
M	19	Krebs		25
D	20	Krebs		
M	21	Löwe		
D	22	Löwe		
F	23	Löwe		
S	24	Jungfrau		
S	25	Jungfrau		
M	26	Waage	☽	26
D	27	Waage		
M	28	Waage		
D	29	Skorpion		
F	30	Skorpion		

Widder
Stier
Zwillinge
Krebs
Löwe
Jungfrau
Waage
Skorpion
Schütze
Steinbock
Wassermann
Fische

☽ zunehmender Mond
○ Vollmond
☾ abnehmender Mond
● Neumond

Zu dem Buch
»Aus eigener Kraft«
von J. Paungger und T. Poppe

www.penguinrandomhouse.de/meditieren

Die aktuellen Jahresübersichten finden Sie hier.

Juli	August	September
S 1	D 1 Schweizer Nationalfeiertag ○ 19.30	F 1
S 2	M 2	S 2
M 3 ○ 12.37 27	D 3	S 3
D 4	F 4	M 4 36
M 5	S 5	D 5
D 6	S 6	M 6 ☾
F 7	M 7 32	D 7
S 8	D 8 ☾	F 8
S 9	M 9	S 9
M 10 ☾ 28	D 10	S 10
D 11	F 11	M 11 37
M 12	S 12	D 12
D 13	S 13	M 13
F 14	M 14 33	D 14
S 15	D 15	F 15 ● 02.39
S 16	M 16 ● 10.37	S 16
M 17 ● 19.31 29	D 17	S 17
D 18	F 18	M 18 38
M 19	S 19	D 19
D 20	S 20	M 20
F 21	M 21 34	D 21
S 22	D 22	F 22 ☽
S 23	M 23	S 23
M 24 30	D 24 ☽	S 24
D 25 ☽	F 25	M 25 39
M 26	S 26	D 26
D 27	S 27	M 27
F 28	M 28 35	D 28
S 29	D 29	F 29 ○ 10.58
S 30	M 30	S 30
M 31 31	D 31 ○ 02.36	

Sommerzeiten nicht berücksichtigt

Mondkalender

2023

Oktober				November				Dezember			
1	Widder			M 1	Zwillinge			F 1	Krebs		
2	Stier		40	D 2	Krebs			S 2	Löwe		
3	Stier	Tag der Dt. Einheit		F 3	Krebs			S 3	Löwe		
4	Zwillinge			S 4	Krebs			M 4	Löwe		49
5	Zwillinge			S 5	Löwe	☾		D 5	Jungfrau	☾	
6	Krebs	☾		M 6	Löwe		45	M 6	Jungfrau		
7	Krebs			D 7	Jungfrau			D 7	Waage		
8	Krebs			M 8	Jungfrau			F 8	Waage		
9	Löwe		41	D 9	Jungfrau			S 9	Waage		
10	Löwe			F 10	Waage			S 10	Skorpion		
11	Jungfrau			S 11	Waage			M 11	Skorpion		50
12	Jungfrau			S 12	Skorpion			D 12	Schütze		
13	Jungfrau			M 13	Skorpion	● 10.27	46	M 13	Schütze	● 00.31	
14	Waage	● 18.54		D 14	Skorpion			D 14	Steinbock		
15	Waage			M 15	Schütze			F 15	Steinbock		
16	Skorpion		42	D 16	Schütze			S 16	Wassermann		
17	Skorpion			F 17	Steinbock			S 17	Wassermann		
18	Schütze			S 18	Steinbock			M 18	Fische		51
19	Schütze			S 19	Wassermann			D 19	Fische	☽	
20	Schütze			M 20	Wassermann	☽	47	M 20	Widder		
21	Steinbock			D 21	Fische			D 21	Widder		
22	Steinbock	☽		M 22	Fische			F 22	Widder		
23	Wassermann		43	D 23	Widder			S 23	Stier		
24	Wassermann			F 24	Widder			S 24	Stier		
25	Fische			S 25	Stier			M 25	Zwillinge	1. Weihnachtsfeiertag	52
26	Fische	Österr. Nationalfeiertag		S 26	Stier			D 26	Zwillinge	2. Weihnachtsfeiertag	
27	Widder			M 27	Stier	○ 10.14	48	M 27	Krebs	○ 01.32	
28	Widder	○ 21.23		D 28	Zwillinge			D 28	Krebs		
29	Stier			M 29	Zwillinge			F 29	Krebs		
30	Stier		44	D 30	Krebs			S 30	Löwe		
31	Zwillinge							S 31	Löwe		

Widder
Stier
Zwillinge
Krebs
Löwe
Jungfrau
Waage
Skorpion
Schütze
Steinbock
Wassermann
Fische

☽ zunehmender Mond
○ Vollmond
☾ abnehmender Mond
● Neumond

www.penguinrandomhouse.de/meditieren

Die aktuellen Jahresübersichten finden Sie hier.

Januar	Februar	März
M 1 Neujahr 1	D 1	F 1
D 2	F 2	S 2
M 3	S 3 ☾	S 3 ☾
D 4 ☾	S 4	M 4 1
F 5	M 5 6	D 5
S 6	D 6	M 6
S 7	M 7	D 7
M 8 2	D 8	F 8
D 9	F 9 ● 23.58	S 9
M 10	S 10	S 10 ● 09.59
D 11 ● 12.56	S 11	M 11 1
F 12	M 12 7	D 12
S 13	D 13	M 13
S 14	M 14	D 14
M 15 3	D 15	F 15
D 16	F 16 ☽	S 16
M 17	S 17	S 17 ☽
D 18 ☽	S 18	M 18 1
F 19	M 19 8	D 19
S 20	D 20	M 20
S 21	M 21	D 21
M 22 4	D 22	F 22
D 23	F 23	S 23
M 24	S 24 ○ 13.30	S 24
D 25 ○ 18.54	S 25	M 25 ○ 07.58 1
F 26	M 26 9	D 26
S 27	D 27	M 27
S 28	M 28	D 28
M 29 5	D 29	F 29 Karfreitag
D 30		S 30
M 31		S 31

Sommerzeiten nicht berücksichtigt

Mondkalender

2024

April	Mai	Juni
1 ♐ Ostermontag 14	M 1 ♒ ☾ Maifeiertag	S 1 ♓
2 ♑ ☾	D 2 ♒	S 2 ♈
3 ♑	F 3 ♓	M 3 ♈ 23
4 ♒	S 4 ♓	D 4 ♉
5 ♒	S 5 ♈	M 5 ♉
6 ♓	M 6 ♈ 19	D 6 ♊ ● 13.37
7 ♓	D 7 ♉	F 7 ♊
8 ♈ ● 19.20 15	M 8 ♉ ● 04.21	S 8 ♋
9 ♈	D 9 ♉	S 9 ♋
10 ♉	F 10 ♊	M 10 ♌ 24
11 ♉	S 11 ♊	D 11 ♌
12 ♊	S 12 ♋	M 12 ♌
13 ♊	M 13 ♋ 20	D 13 ♍
14 ♋	D 14 ♌	F 14 ♍ ☽
15 ♋ ☽ 16	M 15 ♌ ☽	S 15 ♎
16 ♋	D 16 ♍	S 16 ♎
17 ♌	F 17 ♍	M 17 ♎ 25
18 ♌	S 18 ♍	D 18 ♏
19 ♍	S 19 ♎	M 19 ♏
20 ♍	M 20 ♎ Pfingstmontag 21	D 20 ♐
21 ♍	D 21 ♏	F 21 ♐
22 ♎ 17	M 22 ♏	S 22 ♐ ○ 02.08
23 ♎	D 23 ♏ ○ 14.52	S 23 ♑
24 ♏ ○ 00.47	F 24 ♐	M 24 ♑ 26
25 ♏	S 25 ♐	D 25 ♒
26 ♏	S 26 ♑	M 26 ♒
27 ♐	M 27 ♑ 22	D 27 ♓
28 ♐	D 28 ♒	F 28 ♓ ☾
29 ♑ 18	M 29 ♒	S 29 ♈
30 ♑	D 30 ♒ ☾	S 30 ♈
	F 31 ♓	

♈ Widder
♉ Stier
♊ Zwillinge
♋ Krebs
♌ Löwe
♍ Jungfrau
♎ Waage
♏ Skorpion
♐ Schütze
♑ Steinbock
♒ Wassermann
♓ Fische

☽ zunehmender Mond
○ Vollmond
☾ abnehmender Mond
● Neumond

www.penguinrandomhouse.de/meditieren

Die aktuellen Jahresübersichten finden Sie hier.

Juli		August		September
M 1 ♉	27	D 1 ♊ Schweizer Nationalfeiertag		S 1 ♌
D 2 ♉		F 2 ♋		M 2 ♌
M 3 ♊		S 3 ♋		D 3 ♍ ● 02.55
D 4 ♊		S 4 ♌ ● 12.12		M 4 ♍
F 5 ♋ ● 23.56		M 5 ♌	32	D 5 ♎
S 6 ♋		D 6 ♍		F 6 ♎
S 7 ♋		M 7 ♍		S 7 ♎
M 8 ♌	28	D 8 ♍		S 8 ♏
D 9 ♌		F 9 ♎		M 9 ♏
M 10 ♍		S 10 ♎		D 10 ♐
D 11 ♍		S 11 ♏		M 11 ♐ ☽
F 12 ♍		M 12 ♏ ☽	33	D 12 ♐
S 13 ♎ ☽		D 13 ♏		F 13 ♑
S 14 ♎		M 14 ♐		S 14 ♑
M 15 ♏	29	D 15 ♐		S 15 ♒
D 16 ♏		F 16 ♑		M 16 ♒
M 17 ♏		S 17 ♑		D 17 ♓
D 18 ♐		S 18 ♒		M 18 ♓ ○ 03.33
F 19 ♐		M 19 ♒ ○ 19.24	34	D 19 ♈
S 20 ♑		D 20 ♓		F 20 ♈
S 21 ♑ ○ 11.16		M 21 ♓		S 21 ♉
M 22 ♒	30	D 22 ♓		S 22 ♉
D 23 ♒		F 23 ♈		M 23 ♊
M 24 ♓		S 24 ♈		D 24 ♊ ☾
D 25 ♓		S 25 ♉		M 25 ♋
F 26 ♈		M 26 ♉ ☾	35	D 26 ♋
S 27 ♈		D 27 ♊		F 27 ♌
S 28 ♉ ☾		M 28 ♊		S 28 ♌
M 29 ♉	31	D 29 ♋		S 29 ♌
D 30 ♊		F 30 ♋		M 30 ♍
M 31 ♊		S 31 ♌		

Sommerzeiten nicht berücksichtigt

Mondkalender 2024

Oktober	November	Dezember
1 Jungfrau	F 1 Skorpion ● 13.46	S 1 Schütze ● 07.20
2 Waage ● 19.49	S 2 Skorpion	M 2 Schütze 49
3 Waage Tag der Dt. Einheit	S 3 Skorpion	D 3 Steinbock
4 Waage	M 4 Schütze 45	M 4 Steinbock
5 Skorpion	D 5 Schütze	D 5 Steinbock
6 Skorpion	M 6 Steinbock	F 6 Wassermann
7 Skorpion 41	D 7 Steinbock	S 7 Wassermann
8 Schütze	F 8 Wassermann	S 8 Fische ☽
9 Schütze	S 9 Wassermann ☽	M 9 Fische 50
10 Steinbock ☽	S 10 Wassermann	D 10 Widder
11 Steinbock	M 11 Fische 46	M 11 Widder
12 Wassermann	D 12 Fische	D 12 Stier
13 Wassermann	M 13 Widder	F 13 Stier
14 Fische 42	D 14 Widder	S 14 Zwillinge
15 Fische	F 15 Stier ○ 22.29	S 15 Zwillinge ○ 10.00
16 Widder	S 16 Stier	M 16 Krebs 51
17 Widder ○ 12.26	S 17 Zwillinge	D 17 Krebs
18 Stier	M 18 Zwillinge 47	M 18 Krebs
19 Stier	D 19 Krebs	D 19 Löwe
20 Zwillinge	M 20 Krebs	F 20 Löwe
21 Zwillinge 43	D 21 Löwe	S 21 Jungfrau
22 Krebs	F 22 Löwe	S 22 Jungfrau ☾
23 Krebs	S 23 Löwe ☾	M 23 Waage 52
24 Krebs ☾	S 24 Jungfrau	D 24 Waage
25 Löwe	M 25 Jungfrau 48	M 25 Waage 1. Weihnachtsfeiertag
26 Löwe Österr. Nationalfeiertag	D 26 Waage	D 26 Skorpion 2. Weihnachtsfeiertag
27 Jungfrau	M 27 Waage	F 27 Skorpion
28 Jungfrau 44	D 28 Waage	S 28 Schütze
29 Jungfrau	F 29 Skorpion	S 29 Schütze
30 Waage	S 30 Skorpion	M 30 Schütze ● 23.26
31 Waage		D 31 Steinbock

Widder
Stier
Zwillinge
Krebs
Löwe
Jungfrau
Waage
Skorpion
Schütze
Steinbock
Wassermann
Fische

☽ zunehmender Mond
○ Vollmond
☾ abnehmender Mond
● Neumond

Zu dem Buch
»Aus eigener Kraft«
von J. Paungger und T. Poppe

www.penguinrandomhouse.de/meditieren

Die aktuellen Jahresübersichten finden Sie hier.

Januar	Februar	März
M 1 ♑ Neujahr 1	S 1 ♓	S 1 ♓
D 2 ♒	S 2 ♓	S 2 ♈
F 3 ♒	M 3 ♈ 6	M 3 ♈ 1
S 4 ♓	D 4 ♈	D 4 ♉
S 5 ♓	M 5 ♉ ☽	M 5 ♉
M 6 ♈ 2	D 6 ♉	D 6 ♊ ☽
D 7 ♈ ☽	F 7 ♊	F 7 ♊
M 8 ♉	S 8 ♊	S 8 ♋
D 9 ♉	S 9 ♋	S 9 ♋
F 10 ♉	M 10 ♋ 7	M 10 ♌ 1
S 11 ♊	D 11 ♌	D 11 ♌
S 12 ♊	M 12 ♌ ○ 14.52	M 12 ♌
M 13 ♋ ○ 23.24 3	D 13 ♌	D 13 ♍
D 14 ♋	F 14 ♍	F 14 ♍ ○ 07.55
M 15 ♌	S 15 ♍	S 15 ♎
D 16 ♌	S 16 ♎	S 16 ♎
F 17 ♍	M 17 ♎ 8	M 17 ♎ 1
S 18 ♍	D 18 ♎	D 18 ♏
S 19 ♍	M 19 ♏	M 19 ♏
M 20 ♎ 4	D 20 ♏ ☾	D 20 ♐
D 21 ♎ ☾	F 21 ♐	F 21 ♐
M 22 ♏	S 22 ♐	S 22 ♐ ☾
D 23 ♏	S 23 ♐	S 23 ♑
F 24 ♏	M 24 ♑ 9	M 24 ♑ 1
S 25 ♐	D 25 ♑	D 25 ♒
S 26 ♐	M 26 ♒	M 26 ♒
M 27 ♑ 5	D 27 ♒	D 27 ♓
D 28 ♑	F 28 ♓ ● 01.44	F 28 ♓
M 29 ♒ ● 13.35		S 29 ♈ ● 11.57
D 30 ♒		S 30 ♈
F 31 ♓		M 31 ♉ 1

Sommerzeiten nicht berücksichtigt

Mondkalender

2025

April	Mai	Juni
1 ♉	D 1 ♊ Maifeiertag	S 1 ♌
2 ♊	F 2 ♋	M 2 ♌ (23)
3 ♊	S 3 ♋	D 3 ♍ ☽
4 ♋	S 4 ♌ ☽	M 4 ♍
5 ♋ ☽	M 5 ♌ (19)	D 5 ♎
6 ♋	D 6 ♍	F 6 ♎
7 ♌ (15)	M 7 ♍	S 7 ♎
8 ♌	D 8 ♍	S 8 ♏
9 ♍	F 9 ♎	M 9 ♏ Pfingstmontag (24)
10 ♍	S 10 ♎	D 10 ♐
11 ♍	S 11 ♏	M 11 ♐ ○ 08.42
12 ♎	M 12 ♏ ○ 17.54 (20)	D 12 ♐
13 ♎ ○ 01.22	D 13 ♏	F 13 ♑
14 ♏ (16)	M 14 ♐	S 14 ♑
15 ♏	D 15 ♐	S 15 ♒
16 ♏	F 16 ♑	M 16 ♒ (25)
17 ♐	S 17 ♑	D 17 ♓
18 ♐ Karfreitag	S 18 ♑	M 18 ♓ ☾
19 ♑	M 19 ♒ (21)	D 19 ♓
20 ♑	D 20 ♒ ☾	F 20 ♈
21 ♑ ☾ Ostermontag (17)	M 21 ♓	S 21 ♈
22 ♒	D 22 ♓	S 22 ♉
23 ♒	F 23 ♈	M 23 ♉ (26)
24 ♓	S 24 ♈	D 24 ♊
25 ♓	S 25 ♉	M 25 ♊ ● 11.31
26 ♈	M 26 ♉ (22)	D 26 ♋
27 ♈ ● 20.30	D 27 ♊ ● 04.01	F 27 ♋
28 ♉ (18)	M 28 ♊	S 28 ♌
29 ♉	D 29 ♋	S 29 ♌
30 ♊	F 30 ♋	M 30 ♍ (27)
	S 31 ♌	

♈ Widder
♉ Stier
♊ Zwillinge
♋ Krebs
♌ Löwe
♍ Jungfrau
♎ Waage
♏ Skorpion
♐ Schütze
♑ Steinbock
♒ Wassermann
♓ Fische

☽ zunehmender Mond
○ Vollmond
☾ abnehmender Mond
● Neumond

Zu dem Buch »Aus eigener Kraft« von J. Paungger und T. Poppe

www.penguinrandomhouse.de/meditieren

Die aktuellen Jahresübersichten finden Sie hier.

Juli	August	September
D 1	F 1 ☽ Schweizer Nationalfeiertag	M 1
M 2 ☽	S 2	D 2
D 3	S 3	M 3
F 4	M 4 — 32	D 4
S 5	D 5	F 5
S 6	M 6	S 6
M 7 — 28	D 7	S 7 ○ 19.08
D 8	F 8	M 8
M 9	S 9 ○ 08.55	D 9
D 10 ○ 21.36	S 10	M 10
F 11	M 11 — 33	D 11
S 12	D 12	F 12
S 13	M 13	S 13
M 14 — 29	D 14	S 14 ☾
D 15	F 15	M 15
M 16	S 16 ☾	D 16
D 17	S 17	M 17
F 18 ☾	M 18 — 34	D 18
S 19	D 19	F 19
S 20	M 20	S 20
M 21 — 30	D 21	S 21 ● 20.53
D 22	F 22	M 22
M 23	S 23 ● 07.06	D 23
D 24 ● 20.10	S 24	M 24
F 25	M 25 — 35	D 25
S 26	D 26	F 26
S 27	M 27	S 27
M 28 — 31	D 28	S 28
D 29	F 29	M 29
M 30	S 30	D 30 ☽
D 31	S 31 ☽	

Sommerzeiten nicht berücksichtigt

Mondkalender

2025

Oktober		November		Dezember	
1 ♑		S 1 ♓		M 1 ♈	49
2 ♒		S 2 ♓		D 2 ♈	
3 ♒ Tag der Dt. Einheit		M 3 ♈	45	M 3 ♉	
4 ♒		D 4 ♈		D 4 ♉	
5 ♓		M 5 ♉ ○ 14.18		F 5 ♊ ○ 00.14	
6 ♓	41	D 6 ♉		S 6 ♊	
7 ♈ ○ 04.45		F 7 ♊		S 7 ♋	
8 ♈		S 8 ♊		M 8 ♋	50
9 ♉		S 9 ♋		D 9 ♌	
10 ♉		M 10 ♋	46	M 10 ♌	
11 ♊		D 11 ♌		D 11 ♍ ☾	
12 ♊		M 12 ♌ ☾		F 12 ♍	
13 ♋ ☾	42	D 13 ♌		S 13 ♎	
14 ♋		F 14 ♍		S 14 ♎	
15 ♌		S 15 ♍		M 15 ♎	51
16 ♌		S 16 ♎		D 16 ♏	
17 ♍		M 17 ♎	47	M 17 ♏	
18 ♍		D 18 ♏		D 18 ♐	
19 ♍		M 19 ♏		F 19 ♐	
20 ♎	43	D 20 ♏ ● 07.46		S 20 ♐ ● 02.42	
21 ♎ ● 13.24		F 21 ♐		S 21 ♑	
22 ♏		S 22 ♐		M 22 ♑	52
23 ♏		S 23 ♑		D 23 ♒	
24 ♏		M 24 ♑	48	M 24 ♒	
25 ♐		D 25 ♑		D 25 ♒ 1. Weihnachtsfeiertag	
26 ♐ Österr. Nationalfeiertag		M 26 ♒		F 26 ♓ 2. Weihnachtsfeiertag	
27 ♑	44	D 27 ♒		S 27 ♓ ☽	
28 ♑		F 28 ♓ ☽		S 28 ♈	
29 ♑ ☽		S 29 ♓		M 29 ♈	
30 ♒		S 30 ♓		D 30 ♉	
31 ♒				M 31 ♉	

♈ Widder
♉ Stier
♊ Zwillinge
♋ Krebs
♌ Löwe
♍ Jungfrau
♎ Waage
♏ Skorpion
♐ Schütze
♑ Steinbock
♒ Wassermann
♓ Fische

☽ zunehmender Mond
○ Vollmond
☾ abnehmender Mond
● Neumond

Zu dem Buch
»Aus eigener Kraft«
von J. Paungger und T. Poppe